Schmiedel
Burnout

Der Autor

Dr. med. Volker Schmiedel ist Internist und Chefarzt der Inneren Abteilung der Habichtswald-Klinik Kassel. In den letzten Jahren hat er einen rasanten Anstieg von Patienten beobachtet, die als Neben-, immer mehr aber auch als Hauptdiagnose »psychovegetatives Erschöpfungssyndrom« oder »Burnout« aufweisen. Die Beschwerden können dabei einfach nur störend, mitunter aber auch existenzgefährdend sein. Schließlich muss sich der Autor angesichts zahlreicher Verpflichtungen (nicht zuletzt auch durch das Schreiben von Büchern wie diesem) an die eigene Nase fassen und schauen, wie er sich selbst wirksam vor Burnout zu schützen vermag.

Widmung

Dieses Buch widme ich meinen Töchtern Caroline und Leandra, die während der intensiven Arbeit am Manuskript manchmal zu kurz kamen.

Danksagung

Ganz herzlich möchte ich mich bei Dr. Wolf-Jürgen Maurer, dem Chefarzt der Panorama Fachkliniken Scheidegg, bedanken, der das Manuskript kritisch durchgesehen hat und mir wichtige Anregungen gab. Mein weiterer Dank gilt der Programmplanerin Sibylle Duelli, die ich nach dem Erfolg des Buches »Verdauung – 99 verblüffende Tatsachen« auch zu diesem Werk »überreden« konnte. Der Redakteurin Anne Bleick danke ich für die konstruktive Zusammenarbeit beim Feinschliff des Manuskripts.

Dr. med. Volker Schmiedel

Burnout

- Wenn Arbeit, Alltag & Familie erschöpfen
- Welche körperlichen Untersuchungen Ihnen jetzt weiterhelfen
- Wie Sie aus der Stressspirale aussteigen

Inhalt

7 **Liebe Leserin, lieber Leser,**

11 **Basiswissen**

12 **Was ist Burnout?**
12 Unterschiedliche Definitionen
14 Burnout als Protest gegen ein Ungleichgewicht
20 Wie verläuft Burnout?
20 Burnoutstufe 1 – Aktivierungsphase
24 Burnoutstufe 2 – Widerstandsphase
26 Burnoutstufe 3 – Erschöpfungsphase
34 **Wie Burnout entsteht – körperliche Ursachen**
34 Anämie – Blutarmut erschöpft
38 Eisenmangel beheben
38 Die Schilddrüse – die Zündkerze unseres Stoffwechsels
39 Chronische Entzündungen – Energieräuber par excellence
41 Was haben Blähungen und Durchfall mit Burnout zu tun?
42 Jede Infektion erschöpft
42 Chronisches Müdigkeitssyndrom

SPECIAL

29 Fragebogen-Test – Habe ich Burnout?
51 Wichtige Laboruntersuchungen bei Burnout
57 Mit Ritalin, Speed & Co. ins Burnout
86 Naturheilkundliche Hilfen bei Burnout
136 Die wichtigsten Tipps im Schnelldurchlauf

Mit Burnout wird man schnell auf eine »Psycho-Schiene« geschoben. Doch häufig gibt es auch handfeste, körperliche Ursachen. Welche Erkrankungen, Mangelzustände, Genussmittel (Kaffee!) und Medikamente das sein können, erfahren Sie im ersten Buchteil.

43 Krebs – Erkrankung und Therapie kosten Energie
44 Gestörter Schlaf = wenig Energie
46 Nährstoffmangel kann Burnoutsymptome verursachen
47 Magnesium – das Anti-Stress-Mineral
47 Fehlt Kalium, kann das zu Muskelschwäche und Antriebsarmut führen
48 Zink und Vitamin B_6 – wichtig für die Psyche und den Schlaf
49 Q10 – Wundervitamin oder Abzockernährstoff?

52 **Was Sie über Genussmittel und Medikamente wissen sollten**
52 Kaffee – ein Teilchen im Burnoutpuzzle
54 Bei Burnout(-gefahr): Vorsicht mit Alkohol!

Inhalt

Raus aus der Erschöpfungsspirale

Wie es weitergeht, wenn nichts mehr geht? Es gibt viele wirkungsvolle Maßnahmen, um die psychischen und körperlichen Energiereserven wieder aufzufüllen. Lesen Sie, welcher Weg Sie aus Ihrem individuellen Burnout herausführt.

55 Rauchen – Raubbau am eigenen Körper
56 Medikamente können Erschöpfung verursachen

60 **Wie Burnout entsteht – seelische Ursachen**
62 Äußere Faktoren, die ein Burnout begünstigen
63 Persönlichkeitsmerkmale, die für Burnout prädestinieren
64 Burnout tritt nicht nur in »Helferberufen« auf
67 Im Fokus: Frauen und Burnout
69 Burnout bei Lehrern
70 Enttäuschung = Burnout?
71 Perfektionismus – ein sicherer Weg ins Burnout
72 Aggression – verschwendete Energie
75 Resignation – Wer von vornherein aufgibt, hat schon verloren
77 Burnout hat meist viele Gründe

79 **Raus aus der Erschöpfungsspirale**

80 **So finden Sie Ihren Ausweg**
80 Was tun in Burnoutphase 1?
80 Was tun in Burnoutphase 2?
82 Was tun in Burnoutphase 3?
83 Mögliche Erkrankungen erkennen und therapieren
85 Den Erfolg kontrollieren

90 **Ernährung und Genussmittel**
90 Der Schokokick hält nicht lange vor
91 Essen Sie vollwertig
92 Machen Sie einen Koffeinentzug!
95 Alkohol sollten Sie nur selten genießen
96 Rauchen – nein danke!

99 **Bewegen, entspannen und regenerieren**
99 Betreiben Sie regelmäßig Ausdauersport
101 Pausen machen
102 Freizeit und Urlaub zur Regeneration nutzen
105 Warum Schlapplachen bei Burnout hilft
106 Entspannungsverfahren – weit mehr als bloßes Nichtstun

110 **Psychosoziale Faktoren: Was hilft gegen Burnout?**
110 Beziehungslust statt Beziehungsfrust
112 Mit familiären Konflikten und Belastungen umgehen
115 Psychotherapie
117 Lohnt sich die Mühe? Der Ertrag muss stimmen!

INHALT

- 119 Aufstieg um jeden Preis?
- 121 Wie schütze ich mich bei der Arbeit vor Burnout?
- 127 Die Zeit richtig einteilen
- 129 Fragen, die Sie weiterführen
- 129 Ziele setzen und erreichen
- 133 Entrümpeln entlastet
- 135 Outing – ein Schritt auf dem Weg zur Besserung
- 139 **Service**
- 140 **Sachverzeichnis**

Liebe Leserin, lieber Leser,

Burnout ist eine der schillerndsten Krankheiten unserer Zeit. Immer mehr Menschen fühlen sich erschöpft oder ausgebrannt. Manche nennen Burnout auch eine Modekrankheit und deuten damit an, es sei doch gar keine richtige Krankheit, sondern nur ein entschuldigender Begriff für vielfältige andere Beschwerden, eine Verleugnung einer tatsächlich vorliegenden Depression oder einfach nur ein Feigenblatt für die eigene Faulheit. In unserer schnelllebigen und leistungsorientierten Gesellschaft gehört es mitunter sogar dazu, auch unter Burnout zu leiden. Wer früher einfach nur unter dem Stress litt, muss doch heute unter Burnout leiden. »Ich habe Burnout!« klingt einfach beeindruckender als »Ich bin gestresst!«.

Daran mag im Einzelfall sogar etwas dran sein. Es gilt daher immer kritisch zu prüfen, ob wirklich ein Burnout vorliegt oder vielleicht etwas ganz anderes. Dass aber immer mehr Menschen die wichtigsten Kriterien des Burnout erfüllen, ihren normalen Alltagsbelastungen kaum noch nachkommen können und einen echten Leidensdruck haben, kann nicht mehr weggedeutet werden. Da es keinen Laborwert für Burnout gibt, sondern eher weiche Parameter darüber bestimmen, gibt es auch keine zuverlässigen statistischen Angaben, wie verbreitet Burnout tatsächlich in unserer Gesellschaft ist. Je nachdem, welche Schätzungen oder welche Fragebögen als Grundlage gewählt werden, kommt man zu unterschiedlichen Zahlen. Unbestritten dürfte jedoch sein, dass Millionen

INFO

Wer ist eigentlich betroffen?

Ursprünglich vermutete man Burnout nur bei Angehörigen sogenannter »helfender Berufe«, also beispielsweise Krankenschwestern, Sozialarbeiter, Ärzte, Pfarrer oder Lehrer. Inzwischen ist aber bekannt, dass eigentlich keiner davor gefeit ist – wenn bestimmte innere und äußere Faktoren das Terrain entsprechend bereiten. Ganz besonders gefährdet sind Frauen, die sich beispielsweise – oft doppelt belastet – in Beruf und Familie aufreiben oder die einen chronisch erkrankten Angehörigen pflegen. Oft ist es nicht nur die Menge der zu leistenden Arbeit, sondern die ungenügende Anerkennung durch andere oder fehlende Gestaltungsmöglichkeiten, die zur Erschöpfung beitragen. Das Außerachtlassen der eigenen Bedürfnisse und Grenzen und ein beständiges Aufopfern für andere sind Verhaltensweise, die sich bei vielen Frauen mit Burnout finden.

Vorwort

Menschen in Deutschland zumindest einige Kriterien des Burnout erfüllen und entsprechend darunter leiden – Tendenz steigend!

Diese Häufigkeit und die Tatsache, dass es kein Patentmittel gegen Burnout gibt, haben dazu geführt, dass dem Thema in den Medien immer mehr Aufmerksamkeit zuteil wird. Gibt man das Stichwort Burnout ins Internet ein, so erscheinen mehr als 15 Millionen Artikel. Sucht man bei www.amazon.de nach Büchern zum Thema, so erhält man 400 Buchempfehlungen.

Warum also das 401ste Burnoutbuch?

Schaut man sich die Veröffentlichungen zum Thema näher an, so fällt doch eines auf: Es werden in der Vorbeugung und Behandlung des Burnout fast ausschließlich psychosoziale Aspekte abgehandelt:
- Wie gehe ich mit mir um?
- Wie gehe ich mit meinen Mitmenschen, meiner Arbeit, meinen Leistungsanforderungen um?
- Welche Emotionen bewegen mich?
- Wie trage ich Konflikte aus?
- Wo sind meine Energieräuber?
- Habe ich Kraftquellen zur Erholung?
- Welche Ziele – kurzfristig an der Arbeit oder langfristig als Lebensziele – treiben mich an?

Man könnte diese Liste nahezu endlos fortsetzen. Daraus resultieren dann natürlich auch Vorschläge, sein Verhalten und seine Einstellungen zu überdenken und ggf. zu ändern. Damit wir uns nicht falsch verstehen: Das alles halte ich für wichtig und richtig. Die eigenen – vielleicht angeborenen, vielleicht im Laufe des Lebens erworbenen oder von Vorbildern erlernten – Einstellungen und das daraus resultierende (Fehl)Verhalten sind in ihrer Bedeutung für das Entstehen bzw. das Ausmaß des Burnout gar nicht zu unterschätzen. Daran kann kein Betroffener vorbeigehen. Nicht selten benötigt er sogar professionelle Hilfe – durch einen Coach, einen in Burnout erfahrenen Arzt oder Psychotherapeuten. Das will ich alles gar nicht leugnen. Und dennoch ist dies nur eine Seite der Medaille Burnout. Die andere – körperliche – Seite wird merkwürdigerweise fast völlig ausgeblendet.

Zu wenig berücksichtigt: die körperlichen Ursachen von Burnout

- Welche chronischen Krankheiten liegen vor, die Burnout bedingen oder verstärken?
- Welche Fehlernährung trägt zum Burnout bei?
- Welche Nährstoffe benötige ich, um Burnout zu vermeiden?
- Wie sollte ich mich sportlich betätigen?
- Welche Genussmittel rauben mir die letzte Energie?

Alle diese Fragen sollen im vorliegenden Buch erschöpfend (ich hoffe nicht, zu sehr!) beantwortet werden. Die psychosozialen Aspekte – wie ich sie hier einmal vereinfachend nennen möchte – sollen dabei keineswegs vernachlässigt werden, sie sollen aber auch nicht immer die Hauptrolle spielen.

Sie werden also Begriffe wie »psychosoziale Präventivstrategien«, »externale Kontrollmechanismen« und »ressourcenorientiertes Agieren« in diesem Ratgeber vergeblich suchen. Nicht etwa, dass es um diese Themen nicht auch ginge, aber ich verwende ungern »Psycho-Fachkauderwelsch«, da meiner Meinung nach die häufige Verwendung solcher Begriffe weniger der Aufklärung des Lesers als vielmehr der Darstellung der vermeintlichen oder tatsächlichen Kompetenz des Autors dienen. Wer solche Begrifflichkeiten bevorzugt, sei auf die entsprechende Fachliteratur verwiesen.

Ganz können wir aber auch nicht darauf verzichten – schließlich ist Burnout ja selbst aus dem »Denglischen« oder »Neudeutschen«. Wo aber Begriffe allgemein bekannt und anerkannt sind, sollten wir uns auch nicht krampfhaft bemühen, dafür deutsche Worte zu finden.

Ich möchte Ihnen nicht zu viel versprechen, so viel aber schon: Sie werden in diesem Buch einiges Bekannte wiederfinden, mit Sicherheit aber auch Fakten, die Sie niemals so in einen Zusammenhang mit Burnout gebracht haben. In jedem Fall wünsche ich Ihnen, dass Sie aus diesem Buch einen Informationsgewinn ziehen – mit etwas Glück vielleicht sogar die wesentlichen Punkte, um Ihnen bei Ihrem individuellen Burnout entscheidend weiterzuhelfen. Ich wünsche Ihnen aber auch, dass Sie dieses Buch mit Spannung, mit Gelassenheit und vielleicht manchmal auch mit einem Lächeln lesen. Viel Erfolg!

Dr. Volker Schmiedel
Kassel, Februar 2010

Basiswissen

Was ist eigentlich Burnout und wie verläuft es? Welche Erkrankungen oder Mangelzustände können ein Erschöpfungssyndrom verursachen oder verstärken? Und wie findet man heraus, was die individuellen Ursachen bei einem selbst sind? – In diesem ersten Buchteil lernen Sie alle Puzzleteile kennen, die Sie zum Erkennen und Verstehen Ihres Erschöpfungssyndroms brauchen.

WAS IST BURNOUT?

Was ist Burnout?

»Arbeiten, die ich früher mit links erledigt habe, schaffe ich nun nicht mehr.«
»Nach jeder Beschäftigung – auch nach eigentlich leichten körperlichen Belastungen – fühle ich mich wie ausgelaugt.«
»Ich habe überhaupt keine Energie mehr – es ist mir einfach alles zu viel.«

Dies sind exemplarische Aussagen, wie sie oft von Betroffenen zu hören sind und die bereits einige Aspekte des Burnouts treffend beschreiben. Leider gibt es keine einheitliche und allgemein anerkannte Definition des Burnouts. Trotz der Symptombeschreibungen des Burnoutsyndroms fällt es nicht immer leicht zu entscheiden, ob bei einem Menschen eine »normale«, adäquate Erschöpfung, ein »echtes« Burnoutsyndrom oder gar eine ganz andere Krankheit vorliegt.

Unterschiedliche Definitionen

Schauen wir uns doch einmal einige Definitionen namhafter Burnoutforscher an.

Burnout ist ...
- ... »ein Syndrom emotionaler Erschöpfung, Depersonalisation und persönlicher Leistungseinbußen, das bei Individuen auftreten kann, die in irgendeiner Art mit Menschen arbeiten. Es ist eine Reaktion auf die chronische emotionale Belastung, sich andauernd mit Menschen zu beschäftigen, besonders, wenn

> ### INFO
> #### »burn out« bedeutet »ausbrennen«
> Der Begriff Burnout stammt aus dem Englischen (to burn out = ausbrennen) und kennzeichnet einen Zustand deutlicher physischer, psychischer und/oder emotionaler Erschöpfung, der nicht nur vorübergehend nach einer entsprechenden Belastung auftritt. Da es sich um ein Syndrom handelt, liegen meist mehrere verschiedene Symptome vor, die sehr vom betroffenen Individuum, dem Stadium und dem Ausmaß der Erkrankung abhängen können.

Unterschiedliche Definitionen

diese in Not sind oder Probleme haben.« (Christina Maslach)
- … »ein Zustand physischer, emotionaler und mentaler Erschöpfung aufgrund langanhaltender Einbindung in emotional belastende Situationen.« (Pines & Aronson)
- … »ein Zustand der Ermüdung oder Frustration, herbeigeführt durch eine Suche, einen Lebensstil oder eine Beziehung, die nicht die erwartete Belohnung mit sich brachte.« (Freudenberger & Richelson)
- … »eine Erosion der Werte, der Würde, des Geistes und des Willens – eine Erosion der menschlichen Seele. Es ist ein Leiden, das sich schrittweise und ständig ausbreitet und Menschen in eine Abwärtsspirale zieht, aus der das Entkommen schwer ist.« (Maslach & Leiter)

All diese Definitionen spiegeln einige Aspekte des Burnouts sehr treffend wider. Keine beschreibt aber für sich allein Burnout eindeutig und umfassend. Das Problem beim Burnout: Es ist nicht objektiv messbar; es gibt keinen eindeutigen Marker im Blut, der bei jedem Burnoutpatienten erhöht wäre. Wie wir später sehen werden, gibt es sehr viele teils auch messbare Faktoren, die beim Burnout verändert sein können, aber nicht müssen. Das Erkennen eines Burnoutsyndroms ist in erster Linie auf die subjektive Beschreibung des Betroffenen und auf die ebenfalls subjektiven Beobachtungen des Therapeuten angewiesen. Damit sind auch Fehldiagnosen möglich.

Fragebögen

Am »objektivsten« sind noch Fragebögen, von denen der Bekannteste der MBI (Maslach Burnout Inventory) ist, der sich im Praxisalltag allerdings nicht durchgesetzt hat, aber bei den meisten wissenschaftlichen Studien zum Burnout eingesetzt wird.

Um als Betroffener selbst abschätzen zu können, ob eine Burnoutgefahr besteht oder man möglicherweise schon mittendrin steckt, ist es wichtig, dass der entsprechende Test viele mögliche Burnoutsymptome abfragt, denn ein Burnout kann sich auf verschiedene Arten zeigen. Auf S. 29 finden Sie dazu einen von mir entwickelten Fragebogen, den ich auch bei meinen Patienten einsetze. Es ist kein offizieller, validierter Fragebogen, aber ein Instrument, das sich in meinem Praxisalltag sehr bewährt hat, weil es übersichtlich ist und die Patienten gut damit zurechtkommen. Anhand dieses Fragebogens können Sie selbst beurteilen, ob ein Burnout bei Ihnen vorliegt und wie ausgeprägt dieses ist. Sie können diesen Fragebogen auch zur Verlaufskontrolle einsetzen, um zu überprüfen, ob die ergriffenen Gegenmaßnahmen anschlagen, was zum Beispiel nach einem halben Jahr sinnvoll ist.

Was ist Burnout?

Burnout als Protest gegen ein Ungleichgewicht

An dieser Stelle möchte ich es wagen, Ihnen meine eigene Definition von Burnout vorzustellen und zu erläutern.

Burnout ist eine Form des Protests gegen ein Ungleichgewicht in Ihrem Organismus.

Lassen Sie uns diese Definition doch einmal aufdröseln. Lesen Sie bitte den Satz noch einmal, aber betonen Sie dabei das Wort »eine«. Dann merken wir, dass es möglicherweise mehrere, unterschiedliche Formen des Protestes gibt. Eine andere Möglichkeit wäre etwa die Entwicklung eines Magengeschwürs, einer rheumatischen Erkrankung oder eines Herzinfarkts. Wenn Sie wählen dürften, auf welche Art und Weise Ihr Organismus Ihnen sagen will, dass etwas nicht stimmt, für welche Krankheit würden Sie sich entscheiden?

Ich möchte Burnout jetzt keineswegs verharmlosen. Es handelt sich um eine bedeutsame und in seiner schweren Ausprägung sogar um eine schlimme Krankheit, die den Einzelnen in die totale Verzweiflung treiben kann. Aber sie hat gegenüber anderen schweren, chronischen Krankheiten doch einige Vorteile. Sie verläuft in der Regel schleichend (das ist nicht nur ein Vorteil, da der Betroffene sie dadurch lange Zeit verkennt), was aber die Chance bietet, sie rechtzeitig erkennen und behandeln zu können, bevor sie ein wirklich bedrohliches Stadium erreicht hat. Sie ist auch nicht lebensbedrohlich (wenn Sie nicht zu einer so starken Depression führt, dass der Betroffene einen Suizid erwägt).

Ein hilfreiches Warnsignal

Es mag jetzt vielleicht etwas befremdlich klingen, aber sollten wir dem, sollten wir unserem Burnout nicht sogar etwas dankbar sein, dass es uns mit seinen lästigen, unangenehmen, aber noch nicht gefährlichen Symptomen darauf hinweist, dass etwas in unserem Leben nicht stimmt? Der Patient, der durch Stress und zu viel Arbeit einen Bluthochdruck entwickelt hat (der leider nicht weh tut und darum keinen Leidensdruck verursacht), in der Folge ohne Vorwarnung einen Schlaganfall erlitten hat und nun sein Leben im Rollstuhl fristet, wäre froh, »nur« ein Burnout gehabt zu haben, gegen das er etwas hätte tun können. Seien Sie Ihrem Organismus also dankbar, dass er gerade diese Form des Protestes gewählt hat – es hätte auch noch schlimmer kommen können!

- Burnout verläuft schleichend – wir können es rechtzeitig erkennen und gegensteuern.
- Burnout ist äußerst unangenehm – jedoch nicht lebensbedrohlich.
- Burnout verursacht viele Symptome – aber alle sind vollständig reversibel.

Betrachten wir uns den »Protest«. Ein Protest ist immer ein Aufbegehren, ein Wehren gegen ein als ungerecht empfundenes Vorgehen. Haben Sie sich schon einmal überlegt, dass Ihr Organismus sich gegen Ihr Verhalten, Ihre Einstellungen, Ihre Lebensweise wehrt und Ihnen mitteilen möchte, dass er mit dem, was Sie tun oder wie Sie es tun, nicht ganz einverstanden ist? Die Symptome, die er entwickelt, sind Ausdruck dieses Protestes, zunächst noch ganz milde, aber wenn Sie auf ihn nicht hören wollen, auch deutlicher, zuletzt sogar quälend. Ihr Organismus kommuniziert mit Ihnen – hören Sie ihm zu, dann nehmen Sie dem Protest den Wind aus den Segeln.

Wo sind Ungleichgewichte?

Ihr Organismus wehrt sich gegen ein »Ungleichgewicht«. Eigentlich ist die Ursache jeder Erkrankung ein Ungleichgewicht. Bei einer Infektion waren die Abwehrzellen des Immunsystems (zumindest zu Beginn der Infektion) den Krankheitserregern unterlegen. Bei einem Bluthochdruck herrscht eine Dysbalance zwischen den Faktoren, die die Gefäße verengen, und denen, die sie erweitern. Es gilt bei jeder Erkrankung, die Art des Ungleichgewichts zu erkennen und – wenn irgend möglich – wieder ein harmonisches Gleichgewicht herzustellen. Die Art des Ungleichgewichtes kann beim Burnout vielfältiger Natur sein.

Die Abbildung der Waage veranschaulicht diesen Zusammenhang. Wir können mehr Stress ausgesetzt sein, als wir verkraften können. Unsere Anspannungs- und Entspannungsphasen stehen in keinem adäquaten Verhältnis zueinander. Wir verfügen über weniger Nährstoffe, als wir für unseren Energiestoffwechsel benötigen. Wir nehmen mehr Genussmittel zu uns, als uns guttut. Dies sind nur einige Beispiele. Gelingt es uns, das gestörte Gleichgewicht (nicht selten gibt es auf mehreren Ebenen gleichzeitig ein solches Ungleichgewicht) wiederherzustellen – im Bild

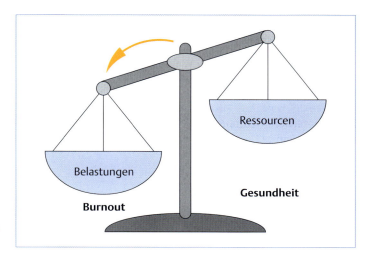

▶ Die Lösung des Burnoutproblems ist (zumindest theoretisch) ganz einfach: Verringern Sie die Belastungen oder vermehren Sie die Ressourcen – dann kann die Waagschale sich wieder in ein gesundes Gleichgewicht bewegen.

Was ist Burnout?

unsere Ressourcen-Waagschale zu füllen, dann haben wir eine gute Chance, dass unser Organismus nicht mehr protestieren muss – und sich die Waage wieder in der Mitte einpendelt.

Es geht um Körper, Geist und Seele

Ich habe in diesen Abschnitten stets das Wort »Organismus« verwendet. Ich hätte auch »Körper« schreiben können, aber was ich meine, geht weit über den Körper hinaus. Natürlich kann unser Organismus beim Burnout auch körperliche Symptome entwickeln wie etwa Rückenschmerzen oder Herzbeschwerden. Genauso treten aber auch geistige Symptome auf wie etwa mangelnde Konzentrationsfähigkeit oder die nachlassende Fähigkeit, geistig anspruchsvollen Aufgaben gerecht zu werden. Und schließlich meldet sich auch die Seele zu Wort, wenn der Burnoutpatient einerseits zu aggressiven Schuldzuweisungen greift oder andererseits in eine resignative Depression verfällt. Mit Organismus ist die Gesamtheit unserer Strukturen und Funktionen gemeint, also Körper, Geist und Seele.

Es ist »Ihr« Burnout

Und zum Schluss möchte ich auch noch die Bedeutung »Ihres« Organismus betonen. Es sind »Ihre« Symptome, unter denen Sie leiden. Es ist »Ihr« Organismus, der Ihnen etwas sagen will. Und es »Ihr« persönliches Burnout. Die Symptomatik vieler

INFO

Burnout spielt sich auf verschiedenen Ebenen ab

Betrachten wir uns zunächst die **körperliche Ebene**. Hier geben Patienten oft folgende Symptome an:
- Herzbeschwerden
- Verdauungsbeschwerden
- Kopfschmerz
- Müdigkeit
- Lustlosigkeit
- Muskelverspannungen
- Rückenschmerzen

Auf der **mentalen Ebene** klagen Betroffene häufig über:
- Konzentrationsstörungen
- Entscheidungsschwäche
- eine verminderte Belastbarkeit
- eine verminderte Motivation
- verminderte Kreativität

Und auf der **emotionalen Ebene** ist Burnout oft begleitet von:
- Unruhe
- Nervosität
- Pessimismus
- depressiven Verstimmungen
- einem Gefühl der inneren Leere
- einem verminderten Selbstwertgefühl
- Antriebslosigkeit

Burnoutpatienten ähnelt sich. Burnoutpatienten haben viele Gemeinsamkeiten, die Burnout erst ermöglichen. Aber kein Burnout gleicht dem anderen. »Ihr« Burnout bedeutet, dass es Ihnen möglicherweise etwas ganz anderes sagen möchte, als das Burnout Ihres Arbeitskollegen demselben. »Ihr« Burnout bedeutet auch, dass Sie bzw. Ihr Organismus es entwickelt hat und dass Sie dafür verantwortlich sind (nicht zu verwechseln mit Schuld!). Und es liegt auch in »Ihrer« Macht, das Burnout zu heilen oder erträglich zu machen. Ärzte, Psychologen oder auch Burnoutratgeber wie dieser können Ihnen nur Wegweiser aufstellen, wohin die Reise zu einem besseren Wohlbefinden gehen mag. Ob der einzuschlagende Weg Erfolg verspricht oder ob Sie diesen überhaupt gehen mögen, entscheidet niemand anderes als Sie selbst!

Ich habe diese Absätze nicht geschrieben, um Burnout zu verharmlosen, sondern um Ihnen auch andere Perspektiven aufzuzeigen. Sie können sich dieser Sichtweise anschließen oder zu einer ganz anderen Bewertung gelangen. Dann haben Sie aber Ihre Gründe dafür. In jedem Fall haben Sie ein Problem von anderer Seite betrachtet. Vielleicht bekommen Sie auch eine andere Einstellung zu »Ihrem Burnout«, können es akzeptieren, sich mit ihm anfreunden oder zumindest einen Waffenstillstand mit ihm schließen. Vielleicht betrachten Sie es nicht mehr als Ihren Feind, den es unter allen Umständen zu vernichten gilt, sondern als einen Teil Ihrer selbst, der zu Ihnen gehört und nicht nur etwas Schlechtes darstellt. Dann können Sie möglicherweise sogar etwas Hilfreiches von Ihrem Burnout lernen.

Gabi

》 Ich wollte immer anderen helfen – jetzt brauche ich selbst Hilfe«

Gabi (34) stammt aus einfachen Verhältnissen. Sie hat nach einer Lehre ihr Abi auf dem zweiten Bildungsweg gemacht und dann ihr Wunschfach Psychologie studiert. Wie sich bei ihr ein Burnoutsyndrom entwickelte, schildert sie am besten selbst: »Das Studium war anstrengend und sehr theoretisch; ich musste mich da ziemlich durchboxen. Die vielen Seminare, Kurse und Supervisionen, die ich auch nach dem Studium noch absolvieren musste, um Zusatzqualifikationen zu erlangen, kosteten mich viel Zeit, Geld und Nerven. Aber ich habe durchgehalten, weil ich Menschen, die krank sind und Schutz brauchen, helfen möchte. Meine Oma war depressiv und hat Selbstmord begangen. Das war ein totaler Schock für mich, weil ich sehr an ihr hing. Das Psychologiestudium war wohl auch eine Art Verarbeitungsversuch.

Dann arbeitete ich in einer kardiologischen Reha-Klinik. Dort konnte ich etwas für andere Menschen tun, ihnen dabei helfen, nach einem Herzinfarkt ihr Leben

Was ist Burnout?

neu zu ordnen und einen Neuanfang zu wagen. Ich war mit Feuereifer dabei, die Schicksale der einzelnen Patienten haben mich sehr berührt. Ich habe mich wesentlich mehr engagiert als beispielsweise meine Kollegen; das wurde von meinen Vorgesetzten aber überhaupt nicht anerkannt. Im Gegenteil. Meine Arbeitskollegen machen Dienst nach Vorschrift, machen viele Witzchen mit den Patienten (und hinter deren Rücken auch über die Patienten), sind nicht so mitfühlend und engagiert wie ich, sind aber dennoch beliebter als ich, sowohl bei den Patienten als auch bei den Ärzten. Das setzte mir ganz schön zu. Meine Arbeit hat mich immer stärker erschöpft; Misserfolge haben mich über Tage verfolgt; die Erfolge, die schon auch immer wieder da waren, haben mir aber keine neue Energie gegeben. Ich fühlte mich ausgelaugt, bekam Rückenschmerzen und – Ironie des Schicksals – auch Herzrhythmusstörungen.

Ironie des Schicksals – ich arbeite in einer Herzklinik und bekomme selbst Herzrhythmusstörungen.

Ich wurde also in der Herzklinik schulmedizinisch perfekt durch untersucht: Diagnose ›funktionelle Herzbeschwerden‹. Das heißt, organisch war alles o.k. – die Beschwerden mussten also psychisch bedingt sein, damit kenne ich mich ja eigentlich aus. Aber wenn es einen selbst betrifft, ist es noch einmal etwas anderes. Ich wollte auf keinen Fall als ›Psychotante‹ gelten, die es jetzt selbst erwischt hat. Ich habe die Zähne zusammengebissen und versucht, mich noch besser weiterzubilden, habe am Wochenende weitere Kurse belegt und Fachliteratur gewälzt.

Und dann kam die Sache mit Wolfgang, einem ›Musterpatienten‹, der super mitgemacht hatte, mit dem ich sehr intensiv und erfolgreich gearbeitet hatte. Ausgerechnet dieser Patient erlitt einen tödlichen Re-Infarkt – 2 Tage bevor er nach Hause entlassen werden sollte. Ich war total verzweifelt. Warum gerade er? Warum nicht andere Patienten, die unbelehrbar so weiter rauchen, trinken und essen wie zuvor? Was habe ich bloß falsch gemacht? Hätte ich das verhindern können? Dieses Erlebnis hat mir den Rest gegeben, in den nächsten Wochen habe ich mich nur noch zur Arbeit geschleppt. Morgens jede Menge Kaffee und abends Beruhigungsmittel. Meine Herzrhythmusstörungen wurden trotz der Einnahme von Betablockern immer unerträglicher. Schließlich war es mein sonst wenig psychosomatisch orientierter Chefarzt, der mir nahelegte, mich in eine psychosomatische Klinik zu begeben. Und im Grunde hat er mich bei der Gelegenheit auch gleich rausgeschmissen, indem er meinte, ich solle mir doch danach eine Stelle in einer Mutter-Kind-Klinik suchen, wenn ich den Stress in einer Herzklinik nicht aushalten könne. Ich war in jeder Beziehung am Ende und wusste, dass ich dringend Hilfe brauche.«

INFO

Burnout = Depression?

Depression und Burnout haben viel miteinander zu tun und lassen sich oft nur schwer voneinander unterscheiden. Darum meinen manche Ärzte auch, es gäbe gar kein Burnout, sondern das, was als Burnout bezeichnet wird, sei nur eine verkappte Depression. In der Tat sind viele Menschen mit Burnout depressiv und viele Depressive sind erschöpft und haben keinen Antrieb.

Nimmt man noch den häufig vorhandenen Faktor Stress dazu, ergibt sich das in der Abbildung gezeigte Bild: zwischen Depression, Erschöpfung und Stress gibt es eine große Schnittmenge – nämlich Burnout. Erschöpfung und Stress sind nicht dasselbe, haben aber eine gemeinsame Schnittmenge. Stress kann zu Erschöpfung führen und umgekehrt. Dasselbe gilt für Depression und Erschöpfung sowie für Depression und Stress. Burnout schließlich weist meist Anteile von Stress, Depression und Erschöpfung in unterschiedlicher Wertigkeit auf.

Unterschiedliche Krankheitsbilder

Trotz aller Gemeinsamkeiten und Überschneidungen zwischen Burnout und Depression scheint es sich aber um zwei verschiedene Krankheitsbilder zu handeln. Treten Burnout und Erschöpfung auf, muss zunächst noch keine depressive Stimmung damit verbunden sein. Im fortgeschrittenen Stadium des Burnouts treten jedoch oft Resignation, Schwermut und Verzweiflung auf. Diese Form der Depression ist dann aber eine verständliche Folge der lange andauernden Erschöpfung. In diesem Stadium lassen sich Burnout und Depression kaum noch voneinander unterscheiden. Lediglich retrospektiv kann der Patient auf Befragen oft noch angeben, ob das Huhn oder Ei zuerst da war.

Ganz anders bei der Depression. Hier waren die psychischen Veränderungen primär vorhanden. Die Antriebslosigkeit ist dann nur eine Folge der Depression. Bei der Differenzialdiagnose Depression oder Burnout bedarf es mitunter eines Psychiaters, damit ein vermeintliches Burnoutsyndrom ausgeschlossen und ggf. eine tatsächlich vorhandene Depression nachgewiesen und dann adäquat behandelt werden kann. Eine schwere Depression im Rahmen eines Burnouts benötigt professionelle Hilfe in Form von psychotherapeutischen Gesprächen oder sogar Medikamenten.

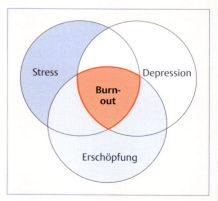

▲ Burnout als Schnittmenge von Stress, Depression und Erschöpfung.

Am drastischen, aber nicht untypischen Beispiel von Gabi (auf S. 17 f.) sieht man, dass Burnout nicht aus heiterem Himmel entsteht. Viele innere Faktoren, eigene Einstellungen und Verhaltensweisen spielen zusammen. Äußere Faktoren, anhaltende Belastungen, die Anforderungen durch Vorgesetzte und das Verhalten von Arbeitskollegen kommen hinzu. Es bedarf dann manchmal nur eines kleinen, oft noch nicht einmal selbst verschuldeten Anlasses, um zum Zusammenbruch zu führen.

Wie verläuft Burnout?

Burnout läuft manchmal schleichend und kontinuierlich fortschreitend ab, mitunter aber auch in Schüben. Burnoutforscher haben versucht, Burnout in verschiedene Stadien einzuteilen, um den aktuellen Zustand des Patienten und das Ausmaß des vorhandenen Burnouts besser einteilen zu können. Wie wir später sehen, ist dies nicht nur eine akademische Spielerei, sondern hat durchaus Konsequenzen für die Art und Weise der erforderlichen Behandlung.

Manche Forschungen beschreiben 5, 7, 9, 10 oder 12 Stadien. Am meisten durchgesetzt hat sich jedoch das Drei-Phasen-Modell, weil es einfach ist und sich stark an das dreistufige Modell von Hans Selye anlehnt, der bereits in den 30er Jahren des letzten Jahrhunderts den Stress beschrieben hat. Lassen Sie uns dieses Modell mit den drei Phasen des Burnouts jetzt einmal genauer ansehen. Überprüfen Sie dabei doch schon einmal, wo Sie sich selbst einordnen können.

Das Drei-Phasen-Modell

In der folgenden Abbildung finden Sie typische Symptome in den einzelnen Burnoutphasen. Sie soll nur eine grobe Orientierung liefern; nicht jeder zeigt alle Symptome und es gibt noch wesentlich mehr mögliche Beschwerden, als hier genannt sind. Es könnte auch sein, dass Sie sich schon in Phase 3 befinden, aber dennoch auch Phase-1-Symptome zeigen.

Burnoutstufe 1 – Aktivierungsphase

In dieser Phase sind die Hormone Adrenalin, Noradrenalin und Kortisol erhöht. Dies sind auch unsere Stresshormone. Stress wird landläufig immer mit etwas Negativem in Verbindung gebracht. Weit gefehlt! Stress ist lebensnotwendig für uns. Zur Erklärung: Mit Stress meinen wir eigentlich unsere Stressreaktionen. Im wissenschaftlichen Sinne ist Stress der Auslöser dessen, was wir dann als Stress empfinden, z. B.

Burnoutstufe 1 – Aktivierungsphase

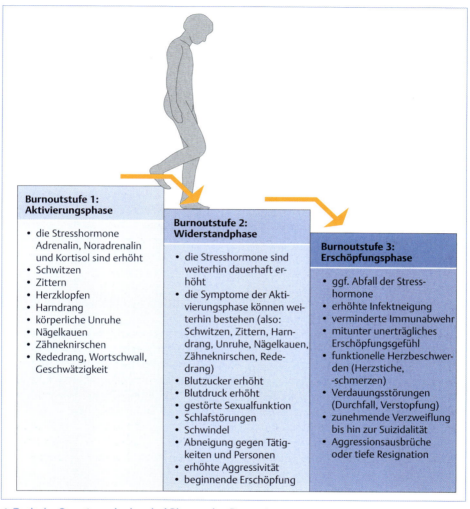

▲ Typische Symptome in den drei Phasen des Burnouts.

das erste Date mit einer neuen Liebe oder auch der letzte Streit mit einer alten Liebe. Unsere Vorfahren hatten die Fähigkeit, auf Anforderungen oder Stressoren mit körperlichen und seelischen Antworten zu reagieren. Deren Drüsen schütteten die besagten Stresshormone aus, was Zucker und Fettsäuren ins Blut schießen ließ. Damit waren unsere Vorfahren in der Lage, körperliche Höchstleistungen zu vollbringen, etwa das Mammut zu erlegen oder vor dem Säbelzahntiger davonzulaufen. Diejenigen unserer Vorfahren, die fähig waren, richtig guten Stress zu entwickeln, überlebten, die anderen starben aus. Wir alle sind die Nachfahren gestresster, aber überlebender Höhlenmenschen.

Dauerhafte Anspannung

Eines unterscheidet uns aber vom Höhlenmenschen – uns unterscheidet wirklich erstaunlich wenig von unseren Vorfahren vor 50 000 Jahren, unsere biologische Ausstattung ist nahezu dieselbe, wir sollten uns also auf unsere Handys, Laptops und Atomkraftwerke nicht allzu viel einbilden, aber dies unterscheidet uns wirklich: Nach erfolgreicher Jagd auf das Mammut gab es einen Festschmaus, bei dem man sich den Bauch vollschlug und dann wurde erstmal geruht. Wozu erneut jagen, wenn noch was vom Mammut übrig war? In die Gefriertruhe konnte man es ja noch nicht legen. In dieser Ruhephase sanken die Spiegel der Stresshormone im Blut. Das vegetative Nervensystem schaltete von Aktivität auf Ruhe, der Körper konnte regenerieren. Und genau diese Regenerationsphasen fehlen uns heute. Nach einem erfolgreichen Autoverkauf oder Aktiengeschäft setzen wir uns nicht etwa hin, freuen uns des Daseins und bauen Stress ab. Nein, wir wollen sofort das nächste Mammut erlegen. Nach Möglichkeit sollte dieses auch noch größer sein als das vorige. Aus dem rhythmischen Auf und Ab von Aktivität und Passivität, Stress und Regeneration wird eine bedrohliche Stressspirale, die sich auch noch immer schneller dreht.

Ärger ohne Ventil

Und noch ein wichtiger Unterschied zwischen dem Stress der Urmenschen und dem des heutigen Homo sapiens (Homo sapiens heißt übrigens weiser Mensch, worüber sich durchaus auch trefflich diskutieren ließe): Der Stress dient hauptsächlich der Fähigkeit zu körperlichen Leistungen. Wenn wir Stress haben, dann sollen wir kämpfen oder fliehen (auf neudeutsch: fight or flight). Unsere körperlichen Reaktionen beim heutigen Stress beschränken sich aber darauf, auf das Gaspedal zu drücken (flight) oder die Autohupe zu betätigen (fight), wenn uns der Vordermann auf der Autobahn geärgert hat. Physiologisch sinnvoller wäre es, zum nächsten Parkplatz zu fahren und dort den Stress mit einem halbstündigen Waldlauf abzubauen.

Die Regeneration fehlt

Mit dieser Aktivierungsphase sind typische Begleitreaktionen wie Zittern, Herzrasen und Hippeligkeit verbunden, die dazu dienen, kompensatorisch wenigstens einen Teil der durch den Stress zur Verfügung stehenden Energie in körperliche Tätigkeit umzuwandeln. Jeder kennt diese Begleitreaktionen. Wir haben sie immer wieder, wenn wir gestresst, wenn wir gefordert werden. Das alles ist auch überhaupt noch nicht bedenklich. Bedenklich wird es dann, wenn wir aus dieser Aktivierungsphase praktisch nicht mehr herauskommen. Dabei könnten wir es so leicht. Wenn wir acht Stunden am Tag arbeiten, dann haben wir immer noch 16 Stunden zur Regeneration (selbst wenn jemand 12 Stunden arbeitet, hätte er noch 12 Stunden zur Erholung). Wenn wir fünf Tage in der Woche arbeiten, dann haben wir immer noch zwei Tage am Wochenende, um unsere Aktivierung abzubauen. Wenn wir 11 Monate im Jahr arbeiten, dann haben wir einen ganzen Monat, um unsere Energiereserven wieder aufzufüllen.

Was macht der Homo sapiens von heute aber? Nach der Arbeit erholt er sich nicht etwa, sondern surft die halbe Nacht im Internet oder zieht sich im Fernsehen den aufregenden Thriller rein – alles nicht gerade geeignet, die Stresskurve nach unten zu lenken. Das Wochenende nutzen wir nicht zum Ausruhen, sondern wir gehen am Samstag in der überfüllten Innenstadt zum Shopping und am Sonntag zur Vernissage, wo wir beim Small Talk unsere gesellschaftliche Reputation fördern wollen. Auch dies fördert nicht gerade unsere Regeneration. Und statt dass wir einen längeren Jahresurlaub am Stück nehmen, zerteilen wir den Urlaub in kleinere, kaum für eine längere Regeneration geeignete Teile oder aber wir buchen die große Amerikarundreise mit unglaublich stressiger Zeitumstellung und dem Besuch von 20 Städten in 21 Tagen. Selbst drei Wo-

CHECKLISTE

Befinden Sie sich in der Aktivierungsphase?

Woran erkennt man, dass man sich in der Aktivierungsphase befindet? An den mit dieser Aktivierungsphase verbundenen Begleitreaktionen, mit denen der Körper zumindest einen Teil der durch den Stress zur Verfügung stehenden Energie abbaut. Typische Begleitreaktionen der Aktivierungsphase sind:
- Schwitzen, Zittern
- Herzklopfen
- Harndrang
- Hippeligkeit (körperliche Unruhe)
- Nägelkauen
- Zähneknirschen
- Geschwätzigkeit
- Nervosität

Wenn Sie diese Symptome »mal« haben, aber dann auch wieder zur Ruhe kommen und diese Symptome dann nicht mehr aufweisen, dann ist noch alles in Ordnung. Wenn Sie aber merken, dass Sie auch in der Freizeit, am Wochenende oder in der Nacht nicht zur Ruhe kommen. Wenn sich dann der Motor immer weiterdreht und sie nervös, zittrig oder schlaflos sind, dann heißt es Achtung! Wenn Sie gar von anderen Menschen auf Ihre Hippeligkeit oder Ihren nicht enden wollenden Wortschwall angesprochen werden, dann sollten alle Alarmglocken schellen! Schonen Sie Ihren Motor und schalten Sie einfach einen Gang runter!

chen am Strand von Mallorca liegen ist für unseren Körper alles andere als erholsam. Schauen Sie sich einmal die faltige, deutlich vorgealterte Haut solcher Sonnenanbeter an, dann wissen Sie, welchen Stress die UV-Strahlung für unseren Körper bedeutet.

»Das Rationale am Menschen sind die Einsichten, die er hat. Das Irrationale an ihm ist, dass er nicht danach handelt.«
(Friedrich Dürrenmatt)

Also noch mal zum Mitschreiben: Diese erste Phase des Burnouts, die Aktivierung selbst ist noch nicht gefährlich, wenn wir es schaffen, genügend oft und genügend lange anschließende Ruhephasen einzulegen, um die Batterien wieder aufzuladen. Anhand der Checkliste auf der vorigen Seite können Sie überprüfen, ob Sie sich gerade in der Aktivierungsphase befinden. Wenn die dort genannten typischen Symptome Sie schon eine Weile beleiten, ist es höchste Zeit gegenzusteuern und dem Körper Gelegenheit zur Regeneration zu geben. (Anregungen dazu finden Sie im zweiten Buchteil ab S. 79.) Sonst besteht die Gefahr, dass das Burnout fortschreitet und Sie in die weiteren Phasen gelangen, die nun beschrieben werden und aus denen Sie schwerer wieder herauskommen.

Burnoutstufe 2 – Widerstandsphase

Die oben erwähnten Stresshormone, die akut ansteigen und anschließend wieder abfallen sollen, sind dann dauerhaft erhöht. Der Motor dreht nicht kurz auf, sondern befindet sich im Dauerlauf. Dies kann dann zu
- Blutzuckererhöhung,
- Blutdruckerhöhung,
- gestörten Sexualfunktionen,
- Schlafstörungen,
- Schwindel,
- einer Abneigung gegen Tätigkeiten und Personen sowie
- einer erhöhten Aggressivität

führen.

Auch in dieser Phase sind die Stresshormone noch erhöht. Das Herz schlägt schneller, der Blutdruck ist oft dauerhaft erhöht, es werden vermehrt Blutzucker und Fette ins Blut gebracht, damit der Körper Leistungen erbringen kann. Da während einer Leistung die Verdauung nicht benötigt wird, ist die Verdauungstätigkeit eingeschränkt. Dies führt dazu, dass in dieser Phase die Menschen bereits oft über Störungen wie Verstopfung, Durchfall, einem Wechsel zwischen beidem oder Blähungen klagen. Durch die Erhöhung des Grundumsatzes kommt es zu einer vermehrten Schwitzneigung. Da während einer Phase mit erhöhter Kampfbereitschaft eine Fortpflanzung wenig sinnvoll ist, leiden mitunter auch die Sexualfunktionen. Lustlosigkeit oder schwindende Orgasmusfähigkeit oder Impotenz können die Folge sein. Da gerade sexuelle Erfüllung mit einer angenehmen Entspannung einhergeht, fehlt nicht nur diese im wahrsten Sinne des Wortes befriedigende Einleitung einer Regeneration. Nein, durch das »Versagen« setzt sich der oder die Betroffene weiter unter Druck – ein Teufelskreis aus Erschöpfung und Versagensängsten entsteht.

Und als letztes und wichtigstes Symptom: Während wir uns in der Aktivierungsphase in der Regel noch »gut drauf« fühlen und keinerlei Anzeichen von Burnout bemerken (das ist ja das Gefährliche an dieser ersten Phase), bekommen wir in der Widerstandsphase schon langsam die Erschöpfung zu spüren.

Alle Warnlämpchen leuchten

In dieser Phase können wir den Schalter noch umlegen, wir können noch den Fuß vom Gaspedal nehmen – auch wenn es schon schwerer fällt als in der Aktivierungsphase. Die Symptome beginnen deutlich und auch unangenehm zu werden. Die Warnlämpchen gehen also eines nach dem anderen an. Viele Menschen haben aber die Fähigkeit, selbst dann noch die Warnzeichen zu missachten oder sie durch eine rein symptomatische Therapie zum Erlöschen zu bringen. Damit wird aber die Grundkrankheit nicht ursächlich behandelt, der Patient (in dieser Phase darf man wegen des vorhandenen Leidensdrucks schon von einer Krankheit sprechen) rast umso sicherer dem Unglück entgegen. Wäre es hier nicht besser, rechts abzubiegen, am Parkplatz den Ölstand zu überprüfen, den Tank wieder aufzufüllen, in einer Inspektion mögliche Schäden abzuklären und ggf. zu reparieren und vor allem mit adäquater motorschonender Geschwindigkeit weiterzufahren?

Dieter

» Wie man die Warnzeichen ignorieren kann

Dieter (48) ist erfolgreicher Wertpapierhändler. In der Finanzkrise ging es für ihn ganz schön rund. Aber auch unabhängig davon hatte sich in den letzten Jahren das Rad immer schneller gedreht. Tagsüber ist er immer aufgedreht, nach der Arbeit fällt er wie betäubt ins Bett, kann aber trotzdem nicht einschlafen. Sein Golfpartner ist Arzt und nötigt ihn geradezu, in seine Sprechstunde zu kommen. Dort werden ein deutlich erhöhter Blutdruck und eine Erhöhung des Cholesterinspiegels festgestellt. Die Blutzuckerwerte sind noch normal, weil Dieter recht schlank ist und immer noch regelmäßig Sport treibt. Etwas kleinlaut beklagt Dieter seinem Freund auch beginnende Erektionsstörungen, was ihn besonders belastet, da er vor seiner sehr attraktiven Partnerin keine Schwäche zeigen will. Der Arzt verschreibt ihm einen Betablocker gegen den Bluthochdruck, ein Statin gegen die hohen Cholesterinwerte und Viagra® für die Standhaftigkeit. Das verschriebene Beruhigungsmittel soll er hingegen nur gelegentlich einnehmen, wenn er gar

Was ist Burnout?

nicht schlafen kann oder sehr starken Stress hat, da es abhängig machen kann. Immerhin erhält er noch die ärztliche Empfehlung, doch einmal etwas langsamer zu treten, ohne dass dies jedoch weiter konkretisiert wird.

Dieter ist nach einigen Tagen wie ausgewechselt. Mit seiner Freundin hatte er ein phantastisches Liebeswochenende. Das Beruhigungsmittel nimmt er unter der Woche, aber nicht am Wochenende und kann damit wieder erholsam schlafen. Mit einem Liter Kaffee pro Arbeitstag ist er voll leistungsfähig, ohne dass er das »Herzflattern« kriegt, weil der Betablocker das Herz »beruhigt«. Die Empfehlung seines Freundes, etwas mehr an sich selbst und an Ruhe zu denken, schlägt er in den Wind, da wieder alles bestens funktioniert und auch Blutdruck und Cholesterin nach einigen Wochen wieder im grünen Bereich sind.

Dies ist ein treffendes Beispiel, wie die Warnzeichen der Widerstandsphase komplett verschlafen werden. Dieters ärztlicher Freund hat ihm oberflächlich zwar geholfen, aber damit die Grundlage für ein weiteres »Auspowern« erst ermöglicht. Der Rat, noch etwas anderes zu tun, war zwar gut gemeint, aber nicht entschieden genug formuliert worden. Wenn Dieter so weitermacht, wird er zwar noch eine Weile auf der Überholspur fahren können, aber die Gefahr, dass es ihn irgendwann richtig erwischt, ist sehr groß.

Burnoutstufe 3 – Erschöpfungsphase

In dieser Phase erschöpft sich auch die Funktion der Drüsen, dauerhaft erhöht Stresshormone abzugeben. Dadurch verstärkt sich auch körperlich und seelisch das Gefühl der Erschöpfung, da der »Kick«, die letzten Energien durch Stresshormone aus sich herauszuholen, jetzt auch noch verloren geht.

Patienten – dieser Begriff ist jetzt eindeutig gerechtfertigt, da sich die Betroffenen richtig krank fühlen – haben eine erhöhte Infektneigung durch eine verminderte Immunabwehr. Sie geben nicht selten funktionelle Herzbeschwerden und Darmbeschwerden (z. B. Herzstiche, -schmerzen, Verdauungsstörungen ohne organische Grundlage) an. Durch die zunehmende Erschöpfung, die nun fast total ist, geraten sie in eine depressive Verzweiflung bis hin zur Suizidalität. Während in der Widerstandsphase noch zeitweise Energie vorhanden ist und die Burnoutpatienten mitunter sogar eine deutliche Aggressivität an den Tag legen, ist selbst hierfür nicht mehr die Kraft da. Vielmehr verfallen die Betroffenen in eine Resignation, welche leicht mit einer Depression verwechselt werden kann. Jetzt ist der Mensch richtig ausgebrannt.

Silvia

»Ich quäle mich durch den Alltag«

Silvia ist eine 45-jährige alleinerziehende Mutter. Nach jahrelangem zermürbendem Scheidungskrieg war sie nun für ihre 12- und 14-jährigen Kinder zuständig. »Erst habe ich gedacht, ich schaffe es allein. Meine Freundinnen machten mir Mut und meine Verwandten unterstützten mich, wo sie nur konnten. Aber es war gar nicht so leicht, eine Stelle zu finden. Nun bin ich zwar als Sekretärin halbtags tätig. In dieser Zeit muss ich aber fast so viel schaffen, wie andere mit einer Ganztagesstelle. Wenn ich nach Hause komme, bin ich ziemlich fertig. Doch dann muss ich mich noch um den Haushalt kümmern. Wäsche waschen, Wohnung putzen, Essen kochen – das hat mich immer mehr angestrengt. Die Kinder erwarten das alles einfach so und nehmen auf meine Bedürfnisse überhaupt keine Rücksicht. Anerkennung von seinen Kindern für die geleistete Arbeit darf man als Mutter wohl kaum erwarten. Aber seit die Kinder pubertäres Verhalten zeigen, wird alles noch schwerer. Zu den Anstrengungen im Job und im Haushalt kommen jetzt noch die frustrierenden Kämpfe, wie lange die Kinder abends wegbleiben dürfen, wie viel Taschengeld sie bekommen usw. Wir haben mit dem geringen Unterhalt und dem niedrigen Lohn ganz schön zu knappsen.

Ich glaube nicht, dass ich aus diesem Loch jemals herauskomme.

Wenn ich abends todmüde ins Bett falle, kann ich meist dennoch nicht schlafen, sondern wälze mich von einer Seite auf die andere und grübele, wie ich die Klassenfahrt meines Sohnes finanzieren soll, warum meine Tochter immer zickiger wird und warum in letzter Zeit einfach alles schief läuft. Je mehr ich nachdenke, desto wacher werde ich und desto zerschlagener bin ich am nächsten Morgen. Wenn ich in einem Geschäft oder an der Arbeit angesprochen werde, habe ich immer öfter Schweißausbrüche. Und dann weiß ich nicht, ob es einfach meine Dünnhäutigkeit ist oder ob schon die Wechseljahre kommen. Dann könnte ich anfangen zu heulen. Das sollten doch eigentlich meine besten Jahre als Frau sein. Und jetzt ist vielleicht schon alles vorbei. Ich werde von Tag zu Tag schwächer, darf aber doch keine Schwäche zeigen.

Ich habe auch schon daran gedacht, einfach Schluss zu machen. Aber ich kann meine Kinder doch nicht allein lassen. So quäle ich mich durch den Alltag. Aber ich habe keine Perspektive. Ich glaube nicht, dass ich aus diesem Loch jemals herauskomme.«

Die Patienten in der Erschöpfungsphase wissen längst, dass sie in einem Burnout sind, aus dem sie allein nicht mehr herauskommen. Gerade wenn sie selbst »Durchhaltenaturen« sind (»ein Indianer kennt keinen Schmerz«, »bange machen gilt nicht«) oder in Berufen arbeiten, in denen ein Zurückschalten und ein Eingeständnis von Überforderung als persönliches Versagen angesehen wird (vor sich selbst und vor den anderen, die doch auch durchhalten), dann dauert es sehr lange, bis die »Reißleine gezogen wird«, um eine Bruchlandung zu verhindern. Nicht selten wird sie gar nicht gezogen, sondern die Patienten arbeiten bis zum totalen Zusammenbruch – der Fallschirm öffnet sich nicht, sie stürzen einfach ab.

Fragebogen-Test – Habe ich Burnout?

Im Folgenden finden Sie einen Fragebogen zu typischen Burnoutsymptomen. Es gibt drei Blöcke zu je 20 Fragen, die jeweils inhaltlich zusammengehören. Beantworten Sie bitte jede Frage. Wenn Sie sich nicht sicher sind und zwischen zwei Antwortmöglichkeiten schwanken, dann überlegen Sie nicht zu lange, sondern entscheiden sich für die Lösung, die Ihnen noch am nächsten liegt. Und nun geht's los:

	überhaupt nicht, nie (0 Punkte)	ein wenig, manchmal (1 Punkt)	sehr, oft (2 Punkte)
Block 1			
Ich fühle mich schnell erschöpft.	☐	☐	☐
Ich bin auch tagsüber müde.	☐	☐	☐
Ich fühle mich leicht gereizt.	☐	☐	☐
Ich bin nicht ausgeglichen.	☐	☐	☐
Ich bin oft ängstlich.	☐	☐	☐
Ich schwitze leicht.	☐	☐	☐
Ich habe Rückenschmerzen.	☐	☐	☐
Ich habe Schlafstörungen.	☐	☐	☐
Ich habe Konzentrations-/Gedächtnisstörungen.	☐	☐	☐
Ich erkälte mich leicht.	☐	☐	☐
Ich habe Kopfschmerzen/Migräne	☐	☐	☐
Ich habe Bluthochdruck.	☐	☐	☐
Ich leide unter Herzklopfen/-rhythmusstörungen.	☐	☐	☐
Ich habe Herzschmerzen/-stiche.	☐	☐	☐
Meine Hände und Füße sind kalt.	☐	☐	☐
Mein Verlangen nach Sex ist gering.	☐	☐	☐
Mein Appetit ist geringer geworden.	☐	☐	☐
Ich fühle mich verspannt.	☐	☐	☐
Ich habe Magen-/Bauchschmerzen.	☐	☐	☐
Ich habe Durchfall/Verstopfung.	☐	☐	☐

Meine Summe ist:

Was ist Burnout?

	überhaupt nicht, nie (0 Punkte)	ein wenig, manchmal (1 Punkt)	sehr, oft (2 Punkte)

Block 2

Ich grübele oft, auch nachts.	☐	☐	☐
Ich denke häufig an negative Dinge.	☐	☐	☐
Ich bin gerne bei anderen beliebt.	☐	☐	☐
Ich möchte es gern allen recht machen.	☐	☐	☐
Ich habe keine Lust mehr auf Treffen mit Freunden.	☐	☐	☐
Ich vernachlässige meine Hobbys/Sport.	☐	☐	☐
Ich bin so enttäuscht.	☐	☐	☐
Ich kann nur schlecht abschalten.	☐	☐	☐
Ich fühle mich innerlich leer.	☐	☐	☐
Alles ist sinnlos geworden.	☐	☐	☐
Mich plagen Selbstzweifel.	☐	☐	☐
Mir ist einfach alles zu viel.	☐	☐	☐
Anerkennung ist mir wichtig.	☐	☐	☐
Ich habe keinen Spaß mehr.	☐	☐	☐
Ich habe keine neuen Ideen mehr.	☐	☐	☐
Ich bin antriebslos.	☐	☐	☐
Ich bin gleichgültig geworden.	☐	☐	☐
Ich bin depressiv/schwermütig.	☐	☐	☐
Ich habe keine Lebensfreude mehr.	☐	☐	☐
Ich habe auch schon an Selbstmord gedacht.	☐	☐	☐

Meine Summe ist: ☐

Block 3

Ich arbeite unter Zeitdruck.	☐	☐	☐
Ich arbeite viel und hart.	☐	☐	☐
Ich esse hastig.	☐	☐	☐
Ich habe keinen Ausgleich für meine hauptsächliche Tätigkeit.	☐	☐	☐
Ich habe keine Zeit für Hobbys/Sport.	☐	☐	☐
Ich trinke durchschnittlich mehr als 1 Drink Alkohol/Tag (1 Drink = 1 Flasche Bier, 1 Glas Wein, 1 Likör oder Schnaps)	☐	☐	☐
Ich rauche täglich.	☐	☐	☐

Fragebogen-Test – Habe ich Burnout?

	überhaupt nicht, nie (0 Punkte)	ein wenig, manchmal (1 Punkt)	sehr, oft (2 Punkte)
Ich trinke mehr als eine Tasse Kaffee/Tee täglich.	☐	☐	☐
Nach einem harten Tag entspanne ich nicht.	☐	☐	☐
Ich habe wenig Zeit für Partner/Freunde/Angehörige.	☐	☐	☐
Ich will möglichst gute Arbeit abliefern.	☐	☐	☐
Ich verzettele mich leicht.	☐	☐	☐
Ich bekomme wenig Lob.	☐	☐	☐
Meine Kollegen/Angehörigen unterstützen mich nicht.	☐	☐	☐
Meine Kunden/Klienten/Patienten/Angehörigen sind undankbar.	☐	☐	☐
Ich habe wenig Aufstiegs- oder Entwicklungsmöglichkeiten.	☐	☐	☐
Der Papierkrieg macht mich noch fertig.	☐	☐	☐
In der Familie habe ich auch noch Stress.	☐	☐	☐
Ich habe kaum Entscheidungsmöglichkeiten.	☐	☐	☐
Mein Schlaf ist nicht mehr erholsam.	☐	☐	☐

Meine Summe ist:

Die Gesamtsumme aus allen drei Blöcken ist:

Auswertung

Zählen Sie Ihre Punkte zusammen – und zwar einmal je Block à 20 Fragen sowie die Gesamtsumme. Sie können pro Block maximal 40 und insgesamt maximal 120 Punkte erzielen.

Bis 10 Punkte im einzelnen Block: leichte Beeinträchtigung
11–20 Punkte: mäßige Beeinträchtigung
21–30 Punkte: deutliche Beeinträchtigung
31–40 Punkte: maximale Beeinträchtigung

Bis 30 Punkte in der Gesamtsumme: leichtes Burnout
31–60 Punkte: mäßiges Burnout
61–90 Punkte: deutliches Burnout
91–120 Punkte: massives Burnout

Bewertung von Block 1: somatisch/vegetative Beeinträchtigung

Dieser Block gibt an, inwieweit bei Ihnen bereits körperliche oder vegetative Beeinträchtigungen vorliegen. Eine körperliche Frage ist beispielsweise die nach Durchfall. Hierfür kann es natürlich auch andere Ursachen als Burnout geben, z. B. eine Milchzuckerunverträglichkeit oder eine Bauchspeicheldrüsenschwäche. Eine Frage wie die nach den kalten Füßen zielt auf eine vegetative Dystonie, also ein Ungleichgewicht in unserem willkürlich nicht zu beeinflussenden Nervensystem ab. Auch hier gibt es selbstverständlich andere Ursachen wie Durchblutungsstörungen. Beantworten Sie aber viele dieser Fragen positiv, dann ist es eben sehr wahrscheinlich, dass keine Einzelursachen für positive Antworten gesorgt haben, sondern dass diese Beschwerden im Zusammenhang mit der Erschöpfung/dem möglichen Burnout stehen. Wir können an diesem Block also die möglichen Folgen, Ihre subjektive Beeinträchtigung durch die Erschöpfung im körperlichen/vegetativen Bereich abschätzen.

Bewertung von Block 2: psychisch/mentale Beeinträchtigung

Dieser Block gibt an, inwieweit Sie sich seelisch beeinträchtigt fühlen. Diese Beeinträchtigung kann von leichten Selbstzweifeln bis hin zu einer schweren reaktiven Depression reichen. Wenn Sie hier Ihre meisten Punkte erzielt haben und in den beiden anderen Blöcken deutlich weniger Punkte erreichen, dann ist auch an eine primäre Depression zu denken, möglicherweise liegt gar kein Burnout vor. Wenn Sie hier hohe Werte (über 20) erzielt haben, sollten Sie sich professionelle Hilfe im psychologischen Bereich suchen – egal ob die Depressivität nun die Henne oder das Ei ist.

Bestehen deutliche Ungleichgewichte zwischen Block 1 und 2?

Dann können Sie auch schon Schwerpunkte der zu wählenden Therapien erkennen. Haben Sie hohe Punktzahlen im ersten Block erzielt, dann sollten Sie unbedingt physikalische Therapien bevorzugen wie etwa Massagen oder sportliche Betätigung. Überwiegt der zweite Block den ersten hingegen bei weitem, dann stehen Maßnahmen wie Entspannungstherapien, Aromatherapie oder Psychotherapie im Vordergrund. Leiden Sie etwa unter starken Rückenverspannungen, dann reicht die beste Psychotherapie allein selten aus, dann sollte – zumindest unterstützend – eben auch noch Massagetherapie und Krankengymnastik in Anspruch genommen werden.

Bewertung von Block 3: Burnoutfaktoren

Anhand dieses Blockes können Sie erkennen, wo der Hase im Pfeffer liegt. Welche Faktoren führen Sie in die Erschöpfung? Sie werden Faktoren erkennen, die Sie selbst beeinflussen können wie etwa der Konsum von Genussmitteln. Es gibt aber auch Faktoren, die nicht beeinflussbar sind, etwa die Dankbarkeit der Kunden. Oder sind sie es etwa doch? Liegt es vielleicht an Ihrer selbstkritischen Haltung, an Ihren vielleicht überzogenen Erwartungen, die Sie an sich selbst stellen? In diesem Block können Sie erkennen, an welchen Punkten Sie zu arbeiten haben. Wenn Sie Faktoren nicht beeinflussen können – wie etwa die mangelnde Anerkennung durch Ihren Chef oder Partner –, dann sollten

Sie an Ihren Einstellungen hierzu arbeiten. Etwa so: Wie kann ich selbst mit mir und meiner Arbeit zufrieden sein, ohne auf das Lob durch meinen Vorgesetzten oder Angehörigen angewiesen zu sein?

Was bedeutet die Gesamtsumme?

Die Gesamtsumme gibt Ihnen grob das Ausmaß Ihres persönlichen Burnouts an. Je höher die Punktzahl, desto mehr Handlungsbedarf besteht. Bei niedrigen Werten können Sie möglicherweise noch mit bordeigenen Mitteln für eine Verbesserung sorgen. Bei deutlichem oder sogar massivem Burnout werden Sie kaum ohne Fremdhilfe entscheidende Verbesserungen erzielen können. Was Sie selbst tun können (und da erfahren Sie viel in diesem Buch), sollten Sie trotzdem in Angriff nehmen. Das Zurückgreifen auf Fremdhilfe bedeutet ja keineswegs, dass Sie die Hände in den Schoß legen und alle Verantwortung abgeben sollen.

Erfolgskontrolle, füllen Sie den Fragebogen nach einem halben Jahr noch einmal aus

Nehmen Sie sich den Fragebogen auch noch einmal nach einem halben Jahr vor und beantworten Sie ihn erneut. Haben Sie schon besser abgeschnitten? Gratulation! Manche Menschen spüren gar nicht so genau, dass es ihnen schon besser geht. Wenn Sie aber schwarz auf weiß sehen, bei welchen Punkten schon deutliche Fortschritte erzielt worden sind, dann kann das den begonnenen Prozess selbst verstärken. Oder gibt es noch Bereiche, wo Sie gar nicht vorangekommen sind? Woran liegt es? War der von Ihnen eingeschlagene Weg falsch? Nehmen Sie Ihre Problemzonen in Angriff. Wenn es beim ersten Mal nicht geklappt hat, dann vielleicht beim nächsten Mal. Wählen Sie eine andere Strategie. Suchen Sie sich eventuell Hilfe dabei. Wie schaut es ein halbes Jahr später aus?

Wie Burnout entsteht – körperliche Ursachen

In kaum einem Buch zum Thema Burnout wird auf die Möglichkeit der Erschöpfung durch Krankheiten eingegangen. Doch wenn solche Krankheiten erkannt und adäquat behandelt werden, dann löst sich ein Großteil der Erschöpfung in Wohlgefallen auf.

Wenn eine Erschöpfung verursachende Krankheit vorliegt, aber nicht die alleinige Ursache von Burnout darstellt, dann werden die Symptome immerhin ein gutes Stück weit besser, wenn zumindest die eine Ursache ausgeschaltet wird. Im Folgenden wird es also unter anderem um Anämie und Schilddrüsenunterfunktion gehen. – Nun werden zumindest die Verfechter der reinen Lehre des Burnouts vermutlich die Augenbrauen hochziehen und meinen, dass diese Erkrankungen nicht in ein Burnoutbuch gehören. Ich vertrete aber eine ganzheitliche und pragmatische Sicht. Daher stellt dieser Ratgeber Ihnen alle möglichen Gründe für Erschöpfung vor.

- Grunderkrankungen, die Erschöpfungssymptome hervorrufen, wie Schilddrüsenunterfunktion und Blutarmut (siehe unten),
- Nährstoffmängel, die Burnoutsymptome hervorrufen und verstärken können (ab S. 46),
- Genussmittel (Kaffee, Alkohol, Rauchen) und Medikamente (ab S. 52) und
- natürlich auch die psychosozialen Faktoren (ab S. 60).

Anämie – Blutarmut erschöpft

Etwa fünf Liter Blut durchströmen ständig unseren Körper, bringen energiespendenden Sauerstoff in die Zellen und versorgen diese mit Traubenzucker für die Energiegewinnung sowie allen lebensnotwendigen Nährstoffen wie Vitamine und Mineralstoffe. Das Hämoglobin (Blutfarbstoff) in den Erythrozyten (roten Blutkörperchen) nimmt dabei den Sauerstoff in den Lungen auf und gibt ihn in den Kapillaren an die Gewebe wieder ab. Steht nun aber eine verminderte Menge an Blutfarbstoff zur Verfügung, dann funktioniert das Ganze nicht mehr so richtig. Erschöpfung, Müdigkeit, verminderte körperliche Belastbarkeit, verringerte Ausdauerleistung,

Normalwerte im Blut

	Frauen	Männer
Hämoglobin	12,3–15,3 g/dl	14–17,5 g/dl
Erythrozyten	$4,1–5,1 \times 10^6/\mu l$	$4,5–5,9 \times 10^6/\mu l$
MCV	80–96 fl	80–96 fl
Ferritin	22–112 ng/ml	34–310 ng/ml

Konzentrationsschwäche und ggf. ungewohnte Luftnot bei stärkeren körperlichen Belastungen sind dann die unausweichliche Folge. Merken Sie etwas? Bis auf den letzten Punkt sind dies alles Symptome des Burnouts.

Hämoglobin und Erythrozyten

Das Hämoglobin ist dabei die Menge des Farbstoffes, die Erythrozyten geben die Anzahl der roten Blutkörperchen wieder. Wenn jemand nun einen Hämoglobinwert von beispielsweise 9,5 g/dl aufweist, dann kann er damit keine Bäume mehr ausreißen. Der für die Energiegewinnung benötigte Sauerstoff fehlt bei körperlichen Belastungen in den Muskeln und bei geistigen Anstrengungen im Gehirn. Die Ursachen können vielfältiger Natur sein. Blutverluste durch starke Menstruationsblutungen, bei einer Operation, einem Unfall oder bei unerkannten Magen-Darm-Blutungen können ebenso verantwortlich sein wie eine Ernährung, bei der es an den blutbildenden Bestandteilen fehlt. Die wichtigsten Nährstoffe für die Blutbildung sind Eisen und Vitamin B_{12}.

MCV

Wie können wir unterscheiden, welcher Nährstoff fehlt? Ganz einfach: am MCV, also am mittleren korpuskulären Volumen. Das Eisen ist der wichtigste Bestandteil des roten Blutfarbstoffs. Haben wir einen Blutmangel durch zu wenig Eisen, dann versucht der Körper dies durch die Bildung von mehr Blutkörperchen zu kompensieren, er bildet also viele, aber dann kleine Erythrozyten. Die Folge: Das MCV ist gering. Vitamin B_{12} wird hingegen für die Zellteilung benötigt. Folge eines Mangels: Das MCV ist hoch, wir haben weniger, aber dafür große Erythrozyten.

Ferritin

Das MCV als Marker für einen Eisenmangel ist zwar ziemlich, aber nicht völlig sicher. Es gibt nämlich auch eine Blutarmut, die wie ein Eisenmangel ausschaut, aber gar keiner ist. Bei einer Entzündung oder einem Krebs wird Eisen aus dem Blut in die Eisenspeicher verlagert. Im Blut haben wir dann einen Eisenmangel – (niedriges Hämoglobin, viele, kleine Erythrozyten mit niedrigem MCV und wenn wir den

Eisengehalt im Serum messen, dann ist dieser sogar niedrig). Wenn wir bei einer chronischen Entzündung dann aber Eisen geben, wird die Situation nicht besser, da die Ursache überhaupt nicht beseitigt, sondern durch das zusätzliche Eisen eher noch verstärkt wird. Klingt eigentlich ganz einfach, wird aber immer wieder falsch gemacht – leider auch von Ärzten. Dabei lässt es sich – etwa bei bekanntem Rheuma – leicht unterscheiden, ob ein Eisenmangel vorliegt oder nicht. Das Ferritin ist nämlich ein Maß für die Eisenspeicher: niedriges Ferritin – die Eisenspeicher sind entleert, Eisen sollte substituiert werden;

normales oder sogar erhöhtes Ferritin – die Eisenspeicher sind voll, Eisengaben helfen nicht, sondern schaden dann sogar (siehe Kasten). Bei einer Blutarmut sollte also immer an eine chronische Entzündung gedacht werden, die einen Eisenmangel vortäuschen kann.

Vitamin B_{12} und Folsäure

Ein Vitamin-B_{12}-Mangel kann nicht nur zu einem Blutmangel führen, sondern auch Depressionen verstärken. Der Vitamin-B_{12}-Spiegel im Serum ist als Marker für einen

INFO

Wie wird Eisenmangel festgestellt?

Die Diagnostik eines Eisenmangels ist nicht ganz so leicht. Nicht jede Minderung des Hämoglobins ist die Folge eines Eisenmangels. Manchmal steckt auch ein Vitamin-B_{12}- oder ein Folsäuremangel dahinter. Der erfahrene Arzt kann dies bereits aus dem Blutbild abschätzen. Wenn das Blutbild auf einen Eisenmangel hindeutet, so sind der reflektorische Griff zum Rezeptblock und die Verschreibung eines gängigen Eisenpräparates leider auch nicht immer das Gelbe vom Ei. Selbst die Bestimmung des Eisenwertes im Serum hilft nicht immer weiter. Manchmal liegt nämlich trotz niedrigen Hämoglobins und Serumeisens sowie des passenden Blutbildes kein Eisenmangel, sondern nur eine Eisenverteilungsstörung vor. Das Eisen befindet sich dann in den Eisenspeichern, steht dem Körper aber nicht für die Blutbildung zur Verfügung. Ob eine solche Störung tatsächlich ursächlich dem dann scheinbaren Eisenmangel zugrunde liegt, kann man mit der Bestimmung des Serumferritins erkennen. Diese Spezialuntersuchung gibt die Höhe des im Eisenspeicher vorhandenen Eisens an. Wenn dieser Wert (bei gleichzeitig scheinbarem Eisenmangel) normal ist, dann wäre es grundverkehrt, Eisen zu geben. Vielmehr muss dann die zugrunde liegende Störung beseitigt werden – meist eine Entzündung, z. B. Rheuma, Asthma, Colitis ulcerosa. Wenn die Entzündung verschwindet, normalisieren sich die Blutwerte automatisch und die Energie kehrt wieder.

Mangel oft zu ungenau. Werte im unteren Normbereich schließen einen Mangel keineswegs aus. Sehr viel präziser ist die Bestimmung des Holotranscobalamin im Serum. Holotranscobalamin ist ein neuer Marker zur Bestimmung der Vitamin-B_{12}-Versorgung. Während ein Vitamin-B_{12}-Spiegel im unteren Normbereich vorliegt, kann das genauere Holotranscobalamin bereits den Mangel aufdecken. Wenn das MCV hoch ist, aber kein Vitamin-B_{12}-Mangel besteht, dann kann ein Folsäuremangel die Ursache sein.

Gibt es Hinweise auf eine Blutarmut durch Vitamin-B_{12}- und/oder Folsäuremangel (z. B. hohes MCV, niedriges Holotranscobalamin und/oder niedriger Folsäurespiegel), so sollten diese Vitamine hoch dosiert für einige Monate zugeführt werden.

Therapieempfehlung: Injektionsserie von 5–10 Spritzen in wöchentlichem bis monatlichem Abstand, z. B. Vitamin B_{12} depot/Folsäure Hevert (Kombipackung) oder B-Komplex Hevert Tabletten für drei Monate eine Tablette täglich.

Eva

〉〉 Starke Menstruationsblutungen führten zur Blutarmut

Eva (29), Angestellte im Vertrieb eines Buchgroßhandels, wurde von Jahr zu Jahr erschöpfter. Die Arbeitsbedingungen in der Buchbranche wurden immer härter. Die Kunden lesen immer öfter im Internet und die Konkurrenz schläft auch nicht. Dazu kamen dann noch Evas Perfektionismus und der Wille, es allen recht zu machen und immer erfolgreich zu sein. Die Trennung von ihrem langjährigen Lebensgefährten hat ihr auch nicht gerade gutgetan. Gründe genug also, um ein Burnout zu entwickeln. Zahlreiche psychotherapeutische Gespräche haben ihr wichtige Erkenntnisse über ihre eigenen Einstellungen und den Umgang mit Anforderungen und anderen Menschen gebracht – die Erschöpfung wurde aber dadurch nicht besser.

Ihre Freundin Julia riet ihr, doch einmal das Blut untersuchen zu lassen. Und in der Tat lag der Hämoglobinwert bei bedenklich niedrigen 8,5 g/dl, obwohl sie sich doch ganz vernünftig ernährte. Nun wurde nach Ursachen hierfür gefahndet. Der Test auf verstecktes Blut im Stuhl war zum Glück negativ, aber der Gynäkologe deckte schließlich die starken Menstruationsblutungen, die Eva immer für normal gehalten hatte, weil sie es nie anders gekannt hatte, als Ursache der Blutarmut auf. Die Wahl einer anderen »Pille« und einige Wochen Einnahme eines Eisenpräparats führten dazu, dass der Spuk des Burnouts vorbei war. Eva war wieder »vollblütig« und sprühte vor Energie. Die Anforderungen im Beruf wurden zwar nicht weniger, aber sie konnte jetzt besser damit umgehen.

Eisenmangel beheben

Wenn ein Mangel nachgewiesen wurde (niedriger Hämoglobinwert plus niedriges MCV im Blutbild machen einen Eisenmangel wahrscheinlich, erst ein niedriger Ferritinwert beweist ihn aber), sollte Eisen gegeben werden. Je nach dem Ausmaß des Mangels und der individuellen Verträglichkeit sollte die Dosierung 10–100 mg pro Tag betragen. Eisen kann zu einigen Nebenwirkungen führen, wobei die Auswirkungen auf den Magen-Darm-Trakt die häufigsten sind (z. B. Verstopfung, Magenschmerzen). Dann sollte die Dosis reduziert werden; flüssige Eisentropfen können leichter gemäß der individuellen Verträglichkeit dosiert werden als Kapseln; ggf. kann auch die Verabreichung von Eisenspritzen (Arzt!) notwendig werden. Eisen wird am besten resorbiert, wenn Sie es nüchtern einnehmen. Die gleichzeitige Einnahme von Vitamin C (z. B. ¼ Teelöffel Pulver oder eine Brausetablette) verbessert die Aufnahme im Darm.

Therapieempfehlung: Bei leichtem Eisenmangel z. B. Floradix Kräuterblut, bei stärkerem Mangel z. B. Ferrosanol duodenal Kapseln.

Die Schilddrüse – die Zündkerze unseres Stoffwechsels

Die Schilddrüse ist ein kleines, lebenswichtiges Organ in Form eines Schmetterlings im Hals direkt unterhalb des Schildknorpels (»Adamsapfel«). Sie hat nur eine einzige, aber entscheidende Aufgabe: die Produktion von Schilddrüsenhormonen. Diese steuern praktisch den gesamten Stoffwechsel. Sie bestimmen auch seine Geschwindigkeit. Haben wir einen Mangel an Schilddrüsenhormonen, so läuft alles auf Sparflamme. Weisen wir hingegen einen Überschuss auf, so rast der Dynamo im Leerlauf (siehe Kasten S. 40).

Die Symptome der Unterfunktion decken sich besser mit denen des Burnouts als die der Überfunktion. Trotzdem kann eine Überfunktion auch zu einer Erschöpfung führen. Wenn der gesamte Organismus ständig auf Hochtouren läuft und Energie verbraucht, dann sind die Betroffenen zwar wie »aufgedreht«. Irgendwann ist die Batterie aber auch einmal leer und nichts geht mehr. In jedem Fall gilt: Eine Untersuchung der Schilddrüsenwerte im Blut ist einfach und deckt eine Fehlfunktion sicher auf. Die richtige Behandlung wirkt dann bei den Patienten wahre Wunder (siehe S. 83). Der Patient mit einer Unterfunktion gelangt wieder zu seinem normalen Energielevel, der Patient mit der Überfunktion wird ruhiger, verschwendet seine Energie nicht mehr und fühlt sich dadurch auch fitter.

Mögliche Symptome bei einer Schilddrüsenunterfunktion bzw. -überfunktion

Hypothyreose (Unterfunktion)	Hyperthyreose (Überfunktion)
Müdigkeit, Abgeschlagenheit	Heißhunger
Gewichtszunahme trotz Diät	Gewichtsverlust trotz guten Essens
Frieren	Schwitzen
Wärme wird bevorzugt	Kälte wird bevorzugt
Depression, Antriebslosigkeit	Nervosität, Reizbarkeit, Unruhe
Gelenkschmerzen	Zittern der Hände
trockene, rissige Haut, brüchige Haare	feuchtwarme, schwitzige Haut
verringerte Libido, gestörter Zyklus (bei Frauen)	Menstruationsstörungen (unregelmäßig, verstärkt oder Ausbleiben)
Muskelschwäche	
Verstopfung	
Kloß im Hals, Räuspern, Hüsteln	
Wassereinlagerung (Lid, Gesicht, Beine)	
Konzentration- und Gedächtnisstörungen	
Cholesterin und/oder Triglyzeride erhöht	

Jodmangel

Bei Verdacht auf Jodmangel sollten Jodtabletten eingenommen werden (100 µg täglich oder als Depottablette z. B. Jodetten Depot einmal pro Woche). Achtung: Bei Schilddrüsenentzündung z. B. Hashimoto-Thyreoiditis oder Morbus Basedow sollte kein Jod eingenommen und kein Seefisch, der sehr jodreich ist, verzehrt werden.

Chronische Entzündungen – Energieräuber par excellence

Erkrankungen, die mit einer chronischen Entzündung einhergehen wie etwa Rheuma, Asthma oder Darmentzündungen, führen nicht selten über die damit einhergehende Blutarmut zu einem Energiemangel. Aber auch unabhängig davon tragen

> **INFO**
>
> **Was sagt der TSH-Wert aus?**
>
> Das Schilddrüsensteuerhormon Thyreotropin – meist als TSH abgekürzt – wird in der Hirnanhangdrüse (Hypophyse) gebildet. Es reguliert die Freisetzung von Schilddrüsenhormon aus der Schilddrüse. Ist zu wenig Schilddrüsenhormon im Blut, steigt das TSH, ist zu viel da, sinkt es. Der TSH-Wert ist sehr sensitiv und zeigt Funktionsstörungen der Schilddrüse als Erstes an. Der Normbereich liegt bei 0,4–4 mU/l; der optimale TSH-Wert sollte zwischen 1–2 mU/l liegen.
> Werte unter 0,4 mU/l weisen auf eine Überfunktion hin, Werte über 4 mU/l deuten auf eine Unterfunktion hin. Werte über 2 mU/l können bereits auf eine beginnende Unterfunktion hindeuten. Wenn entsprechende Symptome vorliegen, können diese durch eine Optimierung auf 1–2 mU/l deutlich gebessert werden.
>
> **Wie wird eine Unterfunktion behandelt?**
>
> Liegt eine Schilddrüsenunterfunktion vor und ist die Einnahme des Schilddrüsenhormons Thyroxin angezeigt, sollte es langsam bis zur ausreichenden Dosis gesteigert werden, um die Verträglichkeit zu verbessern. Ich beginne immer mit L-Thyroxin 25 (bei Empfindlichen sogar nur die Hälfte davon), messe nach vier Wochen (dann ist ein stabiler Zustand eingetreten) und passe die Dosis dann so lange an (alle vier Wochen um 25 µg steigern), bis der gewünschte Zielbereich erreicht ist (TSH-Wert 1–2 mU/l) und der Patient sich damit auch wohlfühlt.

sie zur Erschöpfung bei. Bei jeder Entzündung läuft unser Immunsystem auf Hochtouren. Bei einem grippalen Infekt können wir das durchaus einmal verkraften – und Sie wissen, wie schlapp wir uns dabei fühlen. Ist die Entzündung aber chronisch, dann kommt das Immunsystem gar nicht zur Ruhe und verbraucht ständig Energie wie bei einem Dauerlauf. Dass man die dafür aufgewendete Energie nicht zweimal verbrauchen kann, liegt auf der Hand. Entzündungen sollten also mit geeigneten Maßnahmen in Schach gehalten werden, damit sie uns nicht in die Erschöpfung treiben.

Darmentzündungen

Besonders perfide sind Darmentzündungen (z. B. Morbus Crohn oder Colitis ulcerosa). Diese können nämlich nicht nur durch den chronischen Entzündungsprozess Energie verbrauchen und zu einer Entzündungsanämie führen, es kann über Blutverluste im Darm auch zu einem tatsächlichen Eisenmangel kommen. Chronische Darmentzündungen gehen meist mit häufigen, dünnen Stühlen einher. Energielieferanten wie Fette, aber auch lebensnotwendige Vitamine und Mineralstoffe können dann oft nicht richtig aufgenommen werden. Ein

Mangel an Nährstoffen (siehe S. 46) fördert aber nicht gerade die Energiebereitstellung.

Erschwerend kommt noch hinzu, dass bei einem Morbus Crohn oft der Endteil des Dünndarms befallen ist. Das ist genau die Region, in der das Vitamin B_{12} aufgenommen wird. Ein Patient mit Morbus Crohn kann also drei Ursachen für eine Blutarmut aufweisen:
- einen Eisenmangel, weil Blut über den Stuhl verloren geht und Eisen wegen der Durchfälle nicht gut aufgenommen wird,
- einen Vitamin-B_{12}-Mangel, weil die Aufnahme im Dünndarm behindert ist, und
- eine Entzündungsanämie.

Nur durch eine gute Diagnostik (Serumferritin, Holotranscobalamin, ggf. Substitution der fehlenden Nährstoffe, bei weiter bestehenden Durchfällen zunächst auch in Form von Injektionen) und eine suffiziente Behandlung der chronischen Entzündung vermag man die Blutarmut zu beseitigen und der Erschöpfung Einhalt zu gebieten.

Was haben Blähungen und Durchfall mit Burnout zu tun?

Mehr als Sie glauben. Wenn ein Reizdarmsyndrom, also eine psychosomatische Krankheit, die Ursache von Bauchproblemen darstellt, dann kann dies erhebliche Auswirkungen auf das Sozialleben haben. Wenn ich nicht in die Stadt gehen kann, ohne mir zu überlegen, wo und innerhalb welcher Zeit ich notfalls die nächste Toilette erreichen kann, oder wenn ich mich nicht ins Kino oder auf die Party traue, weil ich Angst davor habe, einen »Gasalarm« auszulösen, dann kann das nicht nur auf die Nerven gehen, sondern auch an der Energie zehren.

Und wenn gar kein Reizdarmsyndrom zugrunde liegt, sondern eine Verdauungsstörung, die mit einer Minderaufnahme von beispielsweise Fetten und in der Folge auch anderen Nährstoffen einhergeht, dann liegen nicht nur die durch einen Reizdarm erzeugten psychischen und sozialen Beeinträchtigungen vor, sondern es kommen noch die Symptome eines Nährstoffmangels hinzu (siehe S. 46). Ursache solcher Verdauungsstörungen kann beispielsweise eine Laktoseintoleranz (also eine Unverträglichkeit von Milchzucker) sein – jeder siebte Mitteleuropäer ist davon betroffen! Weitere mögliche Ursachen für Verdauungsstörungen mit einem Verlust von Nährstoffen sind:
- Fruchtzuckerintoleranz
- Histaminintoleranz
- Glutenunverträglichkeit
- Nahrungsmittelallergien
- Bauchspeicheldrüsenschwäche
- Gallenschwäche
- Gallensäureverlustsyndrom

Gegebenenfalls sollte dann gezielt danach gefahndet werden.

Jede Infektion erschöpft

Infektionen treiben unser Immunsystem zu Höchstleistungen. Das Eindringen von Krankheitserregern in den Körper ist für diesen potenziell lebensbedrohlich. Das Immunsystem weiß ja nicht, ob es sich um einen harmlosen Schnupfenvirus oder einen vielleicht tödlichen Influenzavirus handelt. Es werden also alle Kräfte zur Abwehr mobilisiert. Die Herzfrequenz beschleunigt sich, die Körpertemperatur steigt ggf. um mehrere Grad an, alle Abwehrreaktionen laufen auf Hochtouren, was sehr viel Energie kostet. Jeder fühlt sich während und auch meist noch einige Tage nach einer Infektion mehr oder weniger stark erschöpft. Das ist normal und immer reversibel. Kehren Infekte jedoch immer wieder (z. B. alle paar Wochen ein Infekt der oberen Atemwege oder eine Blasenentzündung) oder sind sogar chronisch (z. B. Tuberkulose, chronische Hepatitis C-, HIV-Infektion), weil das Immunsystem es nicht schafft, die Erreger endgültig zu besiegen, dann kann diese erhöhte Daueranforderung an das Immunsystem mit einer mehr oder weniger starken Erschöpfung einhergehen. Hier ist gute Betreuung durch Ärzte erforderlich, die sich mit dem Immunsystem bzw. den entsprechenden Infektionen gut auskennen, damit eine optimale Therapie erfolgen kann. Ich selbst untersuche bei immer wiederkehrenden oder chronischen Infektionen gern das Blut auf Nährstoffe, die für das Immunsystem bedeutsam sind und gebe diese, wenn ein Mangel nachgewiesen werden kann (siehe S. 46). Wichtige Nährstoffe für das Immunsystem sind beispielsweise Zink, Selen, Vitamin C, Vitamin B_6 und Vitamin D.

Chronisches Müdigkeitssyndrom

Eben habe ich beschrieben, dass der Organismus nach einer Infektion erschöpft sein kann, sich aber meist rasch davon wieder erholt – jedenfalls wenn das Immunsystem noch einigermaßen gut funktioniert. Es gibt aber auch eine Störung, bei der dies nicht der Fall ist: Vom Burnout abzugrenzen ist das CFS oder CMS (Chronic fatigue syndrom oder chronisches Müdigkeitssyndrom). Da die Begriffe manchmal etwas unpräzise gebraucht werden, möchte ich sie hier genau erläutern.

Wenn die im Kasten genannte Beschreibung auf Sie zutrifft, haben Sie etwas anderes als ein »normales« Burnout. Wir wissen noch gar nicht ganz genau, was das CFS ist und wie es entsteht. Eine ganze Reihe von Ärzten hält auch das CFS für eine »Modekrankheit«, die es gar nicht gibt und hinter der sich »Faulpelze«, Simulanten und Patienten mit ganz anderen psychischen Erkrankungen verstecken. Bei Patienten, die die oben aufgeführten Kriterien eindeutig erfüllen, findet man

> **INFO**
>
> **Wann wird ein CFS diagnostiziert?**
>
> Das CFS beschreibt eine mindestens sechs Monate anhaltende Erschöpfung, welche zu einer deutlichen Einschränkung der bisherigen Aktivitäten geführt hat und bei der andere Ursachen für die Erschöpfung ausgeschlossen wurden. Beim CFS müssen außerdem von den folgenden acht Nebenkriterien noch mindestens vier erfüllt sein:
> - Beeinträchtigung des Kurzzeitgedächtnisses oder der Konzentration
> - Halsentzündung
> - schmerzhafte Hals- oder Achsellymphknoten
> - Muskelschmerzen
> - Gelenkschmerzen
> - Kopfschmerzen
> - kein erholsamer Schlaf
> - Unwohlsein nach körperlicher Anstrengung

bei genauem Suchen aber nahezu immer objektive Auffälligkeiten in Parametern des Immunsystems. Eine Theorie besagt, dass das Immunsystem durch die Infektion aktiviert wurde. Während nach Überwindung der Infektion aber das Immunsystem durch körpereigene Regulationsmechanismen wieder »zurückgefahren« wird, läuft es beim CFS quasi im Leerlauf hochtourig weiter, was natürlich Energie kostet. Die Therapie würde dann in immunmodulierenden Maßnahmen bestehen. Alle in diesem Buch gegebenen Hinweise sind bei Patienten mit CFS durchaus unterstützend hilfreich, wären aber allein noch nicht ausreichend. Der Patient mit CFS benötigt über diese Maßnahmen hinaus noch Therapeuten, die sich mit CFS und dem Immunsystem diagnostisch und therapeutisch besonders gut auskennen.

Krebs – Erkrankung und Therapie kosten Energie

Krebs ist eine schwere Krankheit, die lange Zeit unbemerkt verläuft und dem Patienten (außer in den Endstadien) praktisch keine Beschwerden bereitet. Für den Körper lebensrettend, aber auch sehr belastend sind hingegen die Krebstherapien: Operation, Bestrahlung und Chemotherapie. Bei letzteren beiden Methoden versuchen die Onkologen die Krebszellen etwas mehr zu schädigen als den befallenen Körper. Die gesunden Körperzellen leiden aber immer mit. Die Schädigungen durch diese Therapien wieder wettzumachen, kostet daher sehr viel Energie. Abhängig von der Ausgangslage des Patienten (robust oder eher sensibel) sowie der Art der Bestrahlung und der Chemotherapie gibt es manchmal nur leichte Erschöpfungszustände, von denen der Patient sich relativ rasch wieder erholt, mitunter tritt aber auch eine sehr starke Erschöpfung auf, die Monate und länger anhalten kann. Dazu kommt noch, dass beim Krebs nicht nur der Körper, sondern auch die Seele leidet. Obwohl viele Krebsarten heute (besonders wenn sie früh entdeckt werden) eine sehr gute Prognose aufweisen, gibt es kaum eine andere Diagnose, die für den Menschen so bedrohlich ist wie der Krebs. Der Betroffene muss sich jetzt auch irgendwie mit einem möglichen Sterben auseinandersetzen, was nachvollziehbar viel Energie kostet. Die Kombination dieser körperlichen und seelischen Belastungen macht gerade die Erschöpfung beim Krebs so tückisch. Hier wird professionelle Hilfe benötigt – von Onkologen, die sich mit der Erschöpfung bei Krebs besonders gut auskennen, und von Psychologen, die in Psychoonkologie bewandert sind und dem Krebskranken wieder zu Lebensmut helfen können. Nicht selten fällt der Krebskranke auch – zumindest vorübergehend – in eine tiefe Depression mit Resignation (»mir kann ja eh keiner mehr helfen«) und Antriebslosigkeit. Auch hier ist professionelle Hilfe mit Gesprächen, ggf. aber auch mit Medikamenten vonnöten.

Alle Erkrankungen, die den Körper stark schwächen oder belasten, können zu einer Erschöpfung führen. Der Organismus wendet dann einen Großteil seiner Energie zur Abwehr bedrohlicher Krankheitserreger oder zur Heilung geschädigter Gewebsstrukturen auf, dazu gehören beispielsweise Diabetes mellitus, chronische Niereninsuffizienz oder etwa eine schwere Operation.

Gestörter Schlaf = wenig Energie

Leiden Sie unter Schlafstörungen? Kein Wunder, wenn Sie dann tagsüber nicht fit sind. Der Schlaf ist unsere wichtigste Regenerationsphase. Hier kommen wir zur Ruhe, das aktivierte Nervensystem entspannt sich, die Energiereserven werden wieder aufgefüllt und nicht zuletzt werden auch in den Träumen seelische Belastungen verarbeitet. Ist der Schlaf zu kurz, wird er zu oft und lang unterbrochen oder werden wir gar von Albträumen geplagt, dann kann der Schlaf nicht erholsam sein und wir fühlen uns beim Erwachen wie »gerädert«. Kein guter Start in den Tag!

Selbstverständlich gibt es gerade für Schlafstörungen wieder viele psychosoziale Ursachen. Ist mein Arbeitsplatz bedroht, dann führt das nicht gerade zu einem ruhigen Schlaf. Habe ich Streit mit meinem Partner, dann können die Träume nicht besonders süß sein. Und schließlich raubt auch das Burnoutsyndrom den gerade jetzt dringend benötigten Schlaf. Erschöpfte schlafen nicht selten besonders tief und lang. Wenn das Burnout mir aber große Sorgen bereitet, dann können diese zu Schlafstörungen führen. Der gestörte und nicht erholsame Schlaf verstärkt aber wieder das Burnout. Und schon befindet sich der geplagte Mensch in einem unheilvollen Teufelskreis, aus dem er kaum wieder herausfindet.

Schilddrüsenüberfunktion

Wir wollen uns in diesem Kapitel aber mit einigen organischen Ursachen von Schlafstörungen beschäftigen. Als erste und vielleicht am einfachsten zu diagnostizierende Ursache ist hier die Schilddrüsenüberfunktion zu nennen. Die häufigsten Ursachen hierfür sind eine beginnende Schilddrüsenentzündung, die dann mit Schilddrüsen bremsenden Medikamenten zu behandeln ist, oder ein sogenannter »heißer Knoten«, bei dem ein gutartiger Tumor in der Schilddrüse ungehemmt Schilddrüsenhormone produziert, ohne von der »Zentrale« gebremst werden zu können. Ein solches Adenom wird dann durch eine Bestrahlung oder eine Operation erfolgreich therapiert. Medikamente, die die Schilddrüse bremsen, sollten nur vorübergehend eingenommen werden, aber wegen der langfristigen Nebenwirkungen nicht auf Dauer.

Schlafapnoesyndrom

Schnarchen Sie und hat Ihr Partner schon einmal Angst bekommen, weil Sie nachts nicht mehr geatmet haben, bevor mit einem kräftigen Schnarcher die Atmung wieder einsetzte? Dann leiden Sie vermutlich unter einem Schlafapnoesyndrom. Dabei werden die Atemwege (z. B. durch

> **TIPP**
>
> ### Was tun bei einem Schlafapnoesyndrom?
>
> Ob bei Ihnen eine Schlafapnoe vorliegt, lässt sich in einem Schlaflabor abklären. Meist wird dann ein Gerät verordnet, welches in der Nacht mit einem leichten Überdruck die Atemwege freihält. In schweren Fällen kann dies manchmal erforderlich sein. In leichten Fällen genügen oft eine Gewichtsreduktion und das Vermeiden von Alkohol und Beruhigungsmitteln am Abend. Leider werden Betroffene von den Schlafmedizinern darüber nur unzureichend informiert.

eine zu schlaffe Schlundmuskulatur) vorübergehend verlegt. Der Sauerstoffgehalt im Blut sinkt ab, der Mensch beginnt quasi zu ersticken, Stresshormone werden ausgeschüttet, bis die Atemwege in einem verzweifelten »Notschnarcher« wieder befreit werden. Nach einigen Minuten kann aber das Spiel wieder von vorn beginnen und mehrere dutzend Male pro Nacht stattfinden. Der Betroffene merkt meist nichts davon, außer dass er tagsüber sehr müde ist, mitunter sogar in einen Sekundenschlaf verfällt, was beim Autofahren fatal enden kann.

Melatoninmangel

Wer nicht gut schläft, ist oft erschöpft und hat nicht selten ein Burnout, wenn die

Wie Burnout entsteht – körperliche Ursachen

Schlafstörungen über lange Zeit anhalten oder gravierend sind. Melatonin ist unser »Schlafhormon«. Es wird von der Zirbeldrüse am Abend und in der Nacht freigesetzt und lässt uns müde werden und einen tiefen, erholsamen Schlaf finden. Bei wirklich deutlichen Schlafstörungen lohnt sich eine Bestimmung des Melatonins im Nachturin, um einen Mangel nachzuweisen oder auszuschließen. Wenn der Schlaf sich normalisiert, verschwindet unter Umständen das Burnout.

Therapieempfehlung: Bei nachgewiesenem Mangel (Untersuchung einer Probe des gesamten Nachturins) sollten bei entsprechenden Schlafstörungen abends vor dem Zubettgehen 2–6 mg Melatonin eingenommen werden, z. B. Circadian (verschreibungspflichtig) 1–3 Tabletten.

Nährstoffmangel kann Burnoutsymptome verursachen

Wir benötigen alle essenziellen (lebensnotwendigen) Vitamine und Mineralstoffe, um gesund und leistungsfähig zu bleiben. Leider sind trotz aller Beteuerungen mancher Ärzte und Ernährungsgesellschaften keineswegs alle Menschen optimal versorgt. Die Gründe hierfür sind vielfältig.
- Einseitige Ernährung: Die »normale« Kost ist in Deutschland zu fett, zu süß, zu salzig und enthält zu wenige Ballaststoffe, auch bestimmte Nährstoffe werden bei einer Durchschnittskost nicht in der empfohlenen Menge aufgenommen.
- Bestimmte Krankheiten führen zu einer verminderten Aufnahme von lebensnotwendigen Nährstoffen (z. B. manche Darmerkrankungen) oder zu einem erhöhten Verbrauch (z. B. Rheuma, im Prinzip alle schweren, chronischen Krankheiten).
- Es besteht ein erhöhter Bedarf, z. B. durch erhöhte körperliche oder seelische Belastungen, Stress, Schwangerschaft, Einnahme von Medikamenten.

Nehmen wir uns doch einmal die wichtigsten Nährstoffe vor. Ein Mangel an jeder einzelner Substanz kann Symptome eines Burnouts verursachen oder verstärken. Nicht selten findet sich bei genauer Analyse jedoch ein Mangel an mehreren Stoffen. Dann können Sie nicht mehr Ihre gewohnte Leistung erbringen – ein Burnout ist dann vorprogrammiert.

Magnesium – das Anti-Stress-Mineral

Sind Sie nervös? Haben Sie Schlafstörungen? Neigen Sie zu Verstopfung? Und vor allem: Haben Sie manchmal Muskelkrämpfe, z. B. in den Waden? Dann ist ein Magnesiummangel sehr wahrscheinlich. Nachfolgend finden Sie die wichtigsten Symptome eines Magnesiummangels:
- körperliche Erschöpfung
- psychische Erschöpfung
- Übererregbarkeit, Unruhe
- Schlafstörungen
- Konzentrationsschwäche
- Angstgefühle
- depressive Verstimmung
- Muskelzittern, -schwäche
- Muskelkrämpfe (besonders in den Waden! Aber auch im Bauch)
- Verstopfung
- Herzrhythmusstörungen
- brüchige Fingernägel, Haarausfall
- Osteoporose

Wie Sie sehen, decken sich einige Symptome mit denen eines Burnouts. Etwa 300 Enzyme in unserem Körper sind auf die Anwesenheit von genügend Magnesium angewiesen. Im Mangel arbeiten diese nicht optimal und damit sind auch viele Körperfunktionen ungenügend. Leider deckt die übliche Blutuntersuchung auf Magnesium einen Mangel kaum auf, da hier nur das Serum untersucht wird, nicht aber die Körperzellen. Über 90 % des gesamten Magnesiumbestandes befindet sich in den Körperzellen, die damit nicht erfasst werden. Sehr viel genauer ist hingegen die Vollblutanalyse auf Magnesium, die aber nur von sehr wenigen Laboren durchgeführt wird und nur bei wenigen Ärzten bekannt ist.

Therapieempfehlung: Magnesium können Sie bei Verdacht selbst einnehmen, z. B. abends ½–1 Beutel Magnesium Verla 300 oder 1 Tablette Cefamag 300 (Achtung: bei Auftreten dünner Stühle Dosis reduzieren).

Fehlt Kalium, kann das zu Muskelschwäche und Antriebsarmut führen

Kalium ist eines der wichtigsten Mineralien in den Zellen. Hier die wichtigsten Mangelsymptome:
- Erschöpfung
- Apathie
- Muskelschwäche
- Appetitlosigkeit
- Übelkeit
- Verstopfung
- Herzrhythmusstörungen

Auch hier finden sich viele Übereinstimmungen zum Burnout. Das heißt nicht, dass jeder, der Symptome eines Burnouts

> **INFO**
>
> **Vollblutanalyse**
>
> Eine Vollblutanalyse ist bei Verdacht auf Mineralstoffmangel häufig aussagekräftiger als die übliche Untersuchung des Blutserums. Bei der Vollblutuntersuchung werden auch die Blutzellen mitanalysiert, die den Mineraliengehalt der Körperzellen spiegeln. Das Blutserum dagegen ist nur das Transportmedium für Mineralstoffe und zeigt nicht den tatsächlichen Gehalt der Mineralien in den Zellen an. Die Vollblutanalyse ist übrigens nicht teurer als die Serumanalyse, dennoch wird sie nur selten angeboten. Sie wird an Uni-Kliniken in der Regel nicht durchgeführt und gelehrt. Deswegen kennen sich nur wenige Ärzte damit aus.

aufweist, zwingend einen Kalium- oder Magnesiummangel hat – bei der Vollblutanalyse wird man aber häufig fündig. Hier gilt dasselbe wie schon beim Magnesium: Kalium ist überwiegend in den Zellen lokalisiert, die Serumuntersuchung ist daher zu unsensibel. Wenn wir im Serum einen Kaliummangel finden, dann ist dieser bereits gravierend. Wenn der Wert hingegen noch im unteren Normbereich liegt, dann schließt dies einen Kaliummangel keineswegs aus.

Therapieempfehlung: Da Kaliummedikamente mitunter nicht so gut verträglich sind, sollten sie nur bei nachgewiesenem Mangel (Achtung: Vollblutuntersuchung genauer als Serummessung!) vom Arzt verordnet werden, z. B. Kalinor Brausetabletten 1 × 1 täglich oder Kalinor ret. P Dragees 3 × 1 für zunächst vier Wochen.

Zink und Vitamin B_6 – wichtig für die Psyche und den Schlaf

Viele Menschen mit Burnout sind vegetativ labil, d. h. ihr unwillkürliches Nervensystem ist nicht so stabil wie bei anderen Menschen. Vegetative Reaktionen wie Schweißausbrüche, Stuhldrang oder Schlafstörungen sind bei psychischen Belastungen gehäuft. Patienten mit Burnout sind eben meist auch »dünnhäutiger«. Hierzu kann eventuell ein Mangel an Zink oder Vitamin B_6 entscheidend beitragen.

Wir benötigen beide Nährstoffe, um den Botenstoff Serotonin im Nervensystem bilden zu können. Serotonin ist sozusagen unser »Gute Laune-Hormon«. Durch einen Mangel kann es zu Schlafstörungen und Depressionen kommen. Moderne Antidepressiva verhindern den Abbau oder die Wiederaufnahme von Serotonin und tragen so zu erhöhten Konzentrationen und entsprechenden Stimmungsänderungen bei. Häufig liegt aber »nur« ein Zink- und/oder Vitamin-B_6-Mangel vor, den es wiederum am besten in der Vollblutanalyse aufzudecken gilt. Wird ein vorhandener Mangel beseitigt, so trägt dies enorm zur psychischen Stabilisierung bei. So kann das Burnout abgemildert oder im günstigsten Fall sogar ganz beseitigt werden.

Therapieempfehlung: Wurden entsprechende Mangelzustände nachgewiesen (Vollblutuntersuchung genauer als Serummessung!), so sollte Zink morgens auf nüchternen Magen (z. B. Cefazink insgesamt 20 Tabletten) und/oder Vitamin B_6 (Vitamin B_6 Hevert für drei Monate je 1 Tablette täglich) abends vor dem Zubettgehen genommen werden.

Q10 – Wundervitamin oder Abzockernährstoff?

In letzter Zeit wird sehr viel Werbung für das Coenzym Q10 (Ubichinon Q10) gemacht. Ob Hautalterung oder Herzinfarkte – Q10 heilt scheinbar alles. Hierzu einige Fakten: Q10 ist kein Vitamin, da der Körper es selbst bilden kann. Wir – bzw. unsere Mitochondrien, die »Kraftwerke der Zellen« – brauchen Q10, um Energie gewinnen zu können. Q10-Mangel führt also quasi zu einer »Energiearmut« des gesamten Zellstoffwechsels und damit auch zu zahlreichen Symptomen des Burnouts.

Q10 ist ein universeller Wirkstoff und kommt überall (daher die lateinisch Vorsilbe Ubi-) vor. Ob Bakterien, Hefepilze, Schmetterlinge, Elefanten oder eben der

> **INFO**
>
> ### Cholesterinsenker können zu Q10-Mangel führen
>
> Bei einer Gruppe von Menschen ist fast regelhaft ein Q10-Mangel vorhanden: Das sind Patienten mit einer Fettstoffwechselstörung, die moderne Cholesterinsenker einnehmen, welche zur Gruppe der Statine gehören (z. B. Zocor®, Mevinacor®, Pravasin® oder Sortis®). Sie sind daran zu erkennen, dass die Endung des Namens der eigentlichen chemischen Substanz meist auf -statin endet (z. B. Simvastatin, Pravastatin). Diese Mittel behindern die körpereigene Cholesterinsynthese sehr effizient. Da die Synthesewege für Cholesterin und Q10 aber fast identisch sind (bis auf die letzten Schritte), wird auch die Bildung von Q10 teilweise enorm beeinträchtigt. Während es in Japan sogar Statine gibt, die in einer fixen Kombination mit Q10 vorliegen, achten in Deutschland nur sehr wenige Ärzte auf diese Zusammenhänge. Cholesterinsenker können über eine verminderte körpereigene Q10-Synthese zum Burnout beitragen!

Mensch – überall, wo Zellen Energie erzeugen, ist Q10 beteiligt. Wenn unsere Zellen es nicht bilden könnten, dann wäre es ein Vitamin. Aus nicht immer erfindlichen Gründen scheint die körpereigene Synthese aber nicht immer zu klappen. Dann kommt es zu einem Mangel, der immer mit einer verminderten körperlichen Leistungsfähigkeit einhergeht.

Bei Burnout lohnt es sich also auch, nach einem Q10-Mangel zu fahnden. Hierzu reicht aber die normale Serumuntersuchung aus. Da sich die meisten Ärzte jedoch mit Q10 nicht auskennen (und daher auch nichts davon halten), wird diese Bestimmung fast nie durchgeführt. Ebenso wie die anderen Nährstoffanalysen ist sie aber sinnvoll, um einen eventuell vorhandenen Mangel aufdecken und dann gezielt behandeln zu können. Dies vermeidet, dass Sie jahrelang unbehandelt im Mangel bleiben. Es verhindert aber auch, dass Sie vielleicht jahrelang viel Geld für eine unnötige Nährstoffsubstitution ausgeben, wenn nämlich gar kein Mangel vorhanden ist.

Therapieempfehlung: Diese vitaminähnliche Substanz können Sie bei Verdacht auf einen Mangel (z. B. wenn die Erschöpfung einige Wochen nach Beginn einer Therapie mit Cholesterinsenkern begann) oder bei einem nachgewiesenem Mangel im Serum rezeptfrei in der Apotheke besorgen, z. B. Ubitec Q10 2 × täglich 1 Kapsel oder Sanomit Q10 Tropfen – täglich 10 Tropfen für einige Wochen.

Wichtige Laboruntersuchungen bei Burnout

Wenn ein Patient über Erschöpfungssymptome klagt und Burnoutverdacht besteht, habe ich gute Erfahrungen damit gemacht, die in der Tabelle genannten Laborwerte (Melatonin nur bei Schlafstörungen) zu bestimmen.

Bei dem einen tritt bei den Untersuchungen eine Schilddrüsenstörung zutage, bei dem anderen liegt ein Q10-Mangel vor; welche Erkrankungen oder Mangelzustände den geschilderten Beschwerden zugrunde liegen, lässt sich nur durch die genannten Untersuchungen ergründen – aus den Symptomen allein kann man es nicht vorhersagen. Häufig sind dann noch weitergehende Untersuchungen nötig, um beispielsweise die Ursache für die Schilddrüsenfunktionsstörung herauszufinden und dann gezielt behandeln zu können.

Wenn ein Mangel an bestimmten Mineralstoffen oder Vitaminen vorliegt, sollten diese mit entsprechenden Präparaten substituiert werden. Nach drei Monaten sollte eine Kontrolle der nicht normalen Werte erfolgen und unter Berücksichtigung des subjektiven Befindens entschieden werden, wie weiter fortgefahren wird.

Wenn nicht nur ein oder zwei Nährstoffe fehlen, sondern gleichzeitig vieles im Argen liegt, dann ist auch an eine Verdauungsstörung zu denken (siehe S. 41) – besonders wenn Sie häufig unter Blähungen und/oder Durchfällen leiden!

Normbereiche der Laborparameter

Kalium (Vollblut!)	1700–1900 mg/l
Magnesium (Vollblut!)	33–37 mg/l
Zink (Vollblut!)	7–8 mg/l
Vitamin B_6 (Vollblut!)	23–63 µg/l
Q10 (Serum)	0,67–0,99 mg/l
Ferritin (Serum)	25–150 µg/l (Frauen) 30–300 µg/l (Männer)
TSH (Serum)	0,4–4 mU/l (Normalbereich) 1–2 mU/l (Idealbereich)
Melatonin (Nachturin, bei Schlafstörungen)	25–70 ng/ml

Was Sie über Genussmittel und Medikamente wissen sollten

Lassen Sie uns einmal die drei wichtigsten Genussmittel – Kaffee, Zigaretten und Alkohol – in unserer Gesellschaft anschauen. Spenden sie uns Freude und Energie oder rauben sie uns möglicherweise noch den letzten Rest unserer Kraft?

Kaffee – ein Teilchen im Burnoutpuzzle

So ein schöner Kaffee ist doch was Leckeres! Und danach fühlt man sich doch richtig fit. Man ist konzentrierter, man hat viele kreative Ideen, die Arbeit geht einem viel leichter von der Hand, man könnte Bäume ausreißen. Dasselbe passiert nach dem Genuss von Schwarztee, Grüntee, Cola und allen anderen koffeinhaltigen Getränken. Kein Zweifel: Koffein macht uns physisch und intellektuell leistungsfähiger.

Koffein auf der Dopingliste

Doch wussten Sie, dass Koffein bis vor kurzem auf der Dopingliste für Sportler stand? Wenn eine bestimmte Koffeinmenge im Blut oder Urin überschritten wird, dann wurden Sportler bei bestimmten Sportarten disqualifiziert und ihnen drohte eine empfindliche Wettkampfsperre. Warum standen so alltägliche Genussmittel wie Cola und Kaffee auf der Dopingliste? Koffein führt zu einer Leistungssteigerung bei bestimmten Sportarten, was einen unerlaubten Vorteil darstellen würde. Im beruflichen Alltag wäre eine solche Leistungssteigerung natürlich nicht verboten.

Der zweite Nachteil ist aber viel gravierender. Der natürliche Schutz des Organismus vor einer Selbstausbeutung der letzten Energiereserven wird durch eine solche Droge (und das ist Koffein im pharmakologischen Sinne) unterlaufen. Beim Sportler könnte eine solche Entleerung der letzten Reserven während eines Wettkampfes, an dem er bis an die Grenzen (oder durch eine Überdosis Koffein auch darüber hinaus) geht, zu irreversiblen Schäden führen. Deshalb sind stimulierende Mittel wie Amphetamine oder Kokain im Sport auch verboten. Dasselbe passiert ebenso im Alltag, wenn auch nicht akut, sondern chronisch.

Koffein mobilisiert Energiereserven

Koffein bringt keine neue Energie, sondern mobilisiert die (letzten) Energiereserven. Wenn die Batterie aber ohnehin schon fast leer ist – und das ist beim Burnout ja der Fall –, dann wird diese fast aufgebrauchte Batterie noch weiter entleert. Vor solchen sogenannten Tiefenentladungen werden wir von den Elektrikern bei den Batterien nicht zu Unrecht gewarnt – die Batterien gehen dadurch nämlich kaputt. Menschen mit Burnout werden nicht vor Tiefenentladungen ihrer Batterie durch Koffein gewarnt. Sie »dopen« sich daher legal mit Koffein und powern sich immer weiter aus.

Gewöhnung

Ein weiteres Problem beim Koffein. Es tritt eine Gewöhnung ein. Wenn Sie einmal eine Tasse Kaffee trinken, hat sie einen sehr anregenden Effekt. Wenn Sie jeden Tag eine Tasse Kaffee trinken, lässt dieser Effekt deutlich nach. Nach einiger Zeit passiert sogar überhaupt nichts mehr. Außer, wenn Sie die morgendliche Tasse Kaffee weglassen. Dann werden Sie nämlich noch erschöpfter sein, als Sie es sonst sind. Das glauben Sie nicht? Probieren Sie es aus. Lassen Sie einmal für drei Tage alles Koffein weg. Wenn Sie sich dabei noch viel erschöpfter fühlen als sonst, wenn vielleicht sogar Kreislaufstörungen oder Kopfschmerzen auftreten, dann besteht schon

> ### INFO
> #### Erschöpfung und Kopfschmerzen nach Koffeinentzug
>
> Hierzu ein wissenschaftliches Experiment (Eidgenössische Technische Hochschule Zürich 1994): Man hat normale Kaffeetrinker (2 Tassen täglich, das ist ja fast nichts) gebeten, für einige Tage keinerlei koffeinhaltige Getränke zu sich zu nehmen. Stattdessen wurden sie zufallsmäßig in zwei Gruppen eingeteilt, von denen die eine Hälfte morgens eine Tablette mit dem Koffeingehalt von 2 Tassen Kaffee erhielt, die andere Gruppe erhielt eine Tablette mit Milchzucker (Placebo). Alle Versuchspersonen sollten in einem Tagebuch ihre Beschwerden beschreiben. In der Koffeingruppe gab es keinen Unterschied. Die Placebo-Gruppe ohne Koffein entwickelte zu 90 % Müdigkeit, Erschöpfung und Konzentrationsstörungen, die Hälfte hatte einen Kopfschmerzanfall und 10 % beklagten sogar depressive Symptome. Das alles war nach wenigen Tagen wieder verschwunden. Die Forscher interpretierten die Beschwerden jedoch als Entzugssymptome bei einer körperlichen Abhängigkeit (und das bei 2 Tassen täglich!). Fällt Ihnen etwas auf? Die Entzugssymptome entsprechen ziemlich genau denjenigen beim Burnout. Ich behaupte: Koffein schützt nicht vor Burnout, es verursacht es! Natürlich nicht allein, aber es ist ein Teilchen im Puzzle des Burnouts.

weit mehr als eine Gewöhnung, dann besteht schon eine körperliche Abhängigkeit.

Ein weiteres Indiz dafür: Die Deutschen sind fast Weltmeister im Kaffeetrinken (mehr als 150 Liter vom Säugling bis zum Greis pro Jahr). Nur wenige Nationen (ich glaube, die Finnen trinken noch mehr) haben mehr »Kaffeetanten« als die Deutschen. Interessanterweise gibt es auch fast nirgendwo so viele Menschen, die über Burnout klagen, wie in Deutschland. Das ist doch merkwürdig. Wie Sie einen vernünftigen Umgang mit koffeinhaltigen Getränken erlernen können, erfahren Sie ab S. 92.

Bei Burnout(-gefahr): Vorsicht mit Alkohol!

Alkohol kann entspannen und unser Wohlbefinden steigern. In letzter Zeit häufen sich medizinische Studien, die einen Nutzen von Alkohol zur Vorbeugung von Arteriosklerose verheißen. Ja, Alkohol ist ein in unserer Gesellschaft legitimiertes Genussmittel, welches viele Menschen nicht missen möchten. Geringe Mengen Alkohol (1 Drink = 1 Flasche Bier, 1 Glas Wein oder ein Gläschen einer Spirituose) scheinen tatsächlich gewisse präventive Effekte bei Arteriosklerose zu entfalten – vorausgesetzt es liegen keinen Gegenanzeigen vor: Bei einer Suchtstruktur, Lebererkrankungen, Übergewicht, erhöhten Triglyceriden (Blutfette), Hyperurikämie (erhöhten Harnsäurewerten), Herzrhythmusstörungen oder Bluthochdruck sollten Sie Alkohol gar nicht oder viel seltener als in der obigen »Empfehlung« zu sich nehmen.

Und auch Menschen mit Burnout sollten beim Alkohol besonders vorsichtig sein. Natürlich dürfen Sie abends einmal zur Entspannung ein Glas Wein trinken oder bei einer Feier mit einem Glas Sekt anstoßen. Passen Sie jedoch auf, wenn Sie merken, dass Sie fast jeden Abend zum »Cool down« etwas Alkoholisches benötigen. Oder wenn Sie Alkohol gar brauchen, um Ihren Frust wegen des Burnouts oder anderer Enttäuschungen zu ertränken. Dann besteht Abhängigkeitsgefahr. Daneben ist Alkohol auch ein wichtiger Vitalstoffräuber. Über die Niere wird vermehrt Magnesium ausgeschieden, was gerade für den Menschen mit Burnout ein Mangelmineralstoff sein kann. Fast alle B-Vitamine werden durch die Verarbeitung des »Giftes« Alkohol in erhöhtem Maße verbraucht. Und B-Vitamine sind für alle Vorgänge der Energiegewinnung, aber auch für die richtige Funktion unserer Nerven von essenzieller Bedeutung.

Rauchen – Raubbau am eigenen Körper

Wie Sie oben sehen, habe ich gegen einen gelegentlichen Kaffee oder auch ein alkoholisches Getränk nichts einzuwenden – ganz im Gegenteil. Anders schaut dies aber beim Nikotin aus. Hier ist überhaupt kein langfristiger Nutzen zu erkennen. Ich will Ihnen jetzt gar nichts von Lungenkrebs, Herzinfarkt oder Schlaganfall erzählen – all dies sind Spätfolgen des Rauchens. Es soll hier »nur« um die Leistungsfähigkeit gehen.

Raucher schneiden in Intelligenztests besser ab, wenn Sie vorher eine Zigarette geraucht haben, als wenn Sie keine geraucht haben. Sie schneiden aber nicht besser als Nichtraucher ab. Das heißt: Raucher müssen immer eine gewisse Menge ihrer Droge im Körper haben, damit sie nur ihre Normleistung abrufen können.

Sauerstoffmangel

Langfristig nimmt die geistige Leistungsfähigkeit jedoch ab (wegen der vorzeitigen Gefäßverkalkung). Auch die körperliche Leistungsfähigkeit sinkt beim Raucher langfristig durch Verkalkungen der Bein- und vor allem der Herzkranzgefäße. Auch kurzfristig nimmt jedoch die körperliche Leistungsfähigkeit ab. Im Zigarettenrauch befindet sich (neben mehreren hundert anderen schädlichen Stoffen) auch Kohlenmonoxid. Dieses bindet an den Blutfarbstoff Hämoglobin und besetzt damit die Transporter, die eigentlich Sauerstoff zu den Zellen bringen sollen. Da Kohlenmonoxid eine 200fach stärkere Bindungsfähigkeit an Hämoglobin hat als Sauerstoff selbst, verdrängen geringe Mengen Kohlenmonoxid den Sauerstoff vom Transport im Körper. Raucher haben – je nach Anzahl der Zigaretten und der Inhalationstiefe – 5–10 % ihres Blutfarbstoffs mit Kohlenmonoxid gesättigt. Dieses Hämoglobin

> **INFO**
>
> **Beständige Sauerstoffnot durch Rauchen**
>
> Dazu kommt noch, dass bei Rauchern die Lungenfunktion häufig signifikant eingeschränkt ist. Raucher kriegen also viel weniger Sauerstoff in ihre Lungen. Von diesem Sauerstoff wird wegen des Kohlenmonoxids dann noch viel weniger zu den Gewebszellen transportiert. Raucher befinden sich ständig in einer leichten Sauerstoffnot. Dass wir Sauerstoff für unsere Energiegewinnung in den Mitochondrien dringend benötigen, brauche ich niemandem zu sagen. Der Raucher mit Burnout, der es schafft, seinen Missbrauch zu beenden (ich sage bewusst »Missbrauch«, denn es gibt keinen sinnvollen »Gebrauch«), wird in den nächsten Wochen (so lange dauert es, bis sich die Lunge regeneriert hat) einen deutlichen Leistungszuwachs verzeichnen.

transportiert in den nächsten 12 Stunden keinen Sauerstoff mehr!

Nährstoffmangel

Außerdem raubt Rauchen dem Körper Nährstoffe. Im Rauch ist viel Kadmium enthalten. Kadmium ist ein starkes Nierengift und krebserregend. Der Körper verbraucht Zink zur Entgiftung des gefährlichen Kadmiums. Zink ist aber unersetzlich für unseren Kohlenhydratstoffwechsel, für die Immunabwehr und für unsere Zellregeneration (z. B. Wundheilung). Zigarettenrauch enthält viele freie Radikale. Das sind hochaggressive Moleküle, die biologische Strukturen angreifen und zerstören. Ein einziger Inhalationszug enthält 10^{14} – 100 Billionen! – freie Radikale. Zur Entgiftung benötigen wir Antioxidanzien wie Vitamin C, Vitamin E oder Beta-Carotin, die dann für andere Stoffwechselvorgänge nicht mehr zur Verfügung stehen.

Medikamente können Erschöpfung verursachen

Nicht wenige Medikamente haben als Nebenwirkung Müdigkeit oder können den Antrieb dämpfen. So kann eine Erschöpfung erzeugt oder ein Burnout verstärkt werden. Die folgende (unvollständige) Liste weist einige wichtige Medikamentengruppen auf, die eine solche Wirkung haben können:
- Beruhigungsmittel
- Schlafmittel
- Psychopharmaka
- Antihistaminika (Allergiemittel)
- Schwindelmittel (vermindern den Schwindel kaum, sondern machen den Schwindeligen meist so gleichgültig, dass er ihm egal ist)
- Blutdrucksenker, wenn der Blutdruck zu stark gesenkt wird, Betablocker auch unabhängig davon
- Interferon, z. B. bei Hepatitis, Multipler Sklerose
- Statine, eine Gruppe von Cholesterinsenkern (führen zu Q10-Mangel)

Wenn also eine Erschöpfung erst nach der Einnahme eines neuen Medikaments entstanden oder stärker geworden ist, dann schauen Sie im Zweifel in den Beipackzettel, ob eine solche Nebenwirkung dort angegeben ist. Wenn dies der Fall sein sollte, dann besprechen Sie mit Ihrem Arzt, ob eine Dosisreduktion oder ein Wechsel auf ein anderes Mittel möglich ist. Besonders fatal ist, dass bei Burnout und damit verbundener Depression häufig Psychopharmaka mit antidepressiver Wirkung verschrieben werden. Deren Nebenwirkung ist aber häufig Müdigkeit. Diese Präparate sollten also nur nach sehr strenger Nutzen-Risiko-Prüfung verordnet werden. Arzt und Patient sollten von Zeit zu Zeit gemeinsam hinterfragen, ob eine Weitergabe noch zwingend erforderlich oder ob ggf. ein Auslassversuch verantwortbar ist. Das gilt natürlich nicht nur für Psychopharmaka, sondern für alle Medikamente.

Mit Ritalin, Speed & Co. ins Burnout

Nun geht es um legale und illegale Drogen, die – gewissermaßen vorsätzlich – eingenommen werden, um bestimmte psychische Wirkungen zu erzielen. Schon die Rolling Stones beschrieben in ihrem Song »Mother's little helper« die Psychopillen, die man schnell mal einwirft, wenn einem wieder alles über den Kopf wächst. Keine gute Idee! Denn Psychostimulanzien putschen einen so auf, dass auch das letzte Quäntchen Energie rausgepulvert wird und Ihre Batterie noch schneller auf Null steht.

In einer aktuellen DAK-Studie fanden Wissenschaftler heraus, dass es mehrere hunderttausend Menschen gibt, die sich Psychopharmaka verschreiben lassen, ohne dass sie wirklich depressiv sind, sondern weil sie sich damit eine bessere Stimmung erhoffen. Viele lassen sich auch Psychostimulanzien verschreiben. Ein beliebtes Mittel ist hier das Ritalin, welches bei ADS (Aufmerksamkeits-Defizit-Syndrom) oder ADHS (Aufmerksamkeits-Defizit-Hyperaktivitäts-Syndrom) meist bei Jugendlichen eingesetzt wird, um die Überaktivität zu dämpfen. Da es bei Gesunden – im Gegensatz zu den ADHS-Betroffenen – sehr stimulierend wirkt, kann man damit seine beruflichen Anforderungen zunächst leichter bewältigen. Wie beim Koffein gilt aber, dass keine neue Energie erzeugt wird, sondern die Batterien lediglich schneller entleert werden – nur mit diesen Psychostimulanzien noch rasanter. Diese Mittel sind also so etwas wie »Turbo-Koffein«. Auf die zahlreichen, mitunter nicht ganz ungefährlichen Nebenwirkungen soll hier im Einzelnen gar nicht eingegangen werden, aber die bedenklichste Nebenwirkung ist sicher die folgende: Kurzfristig führen Psychostimulanzien zu einem subjektiven »Energiegewinn«, langfristig führen sie aber nur umso sicherer in das Burnout!

Diese Entwicklung finde ich extrem bedenklich, nicht nur im Hinblick auf die Menschen, die leichtfertig ihre Gesundheit aufs Spiel setzen, sondern auch mit Blick auf die Ärzte, die die Präparate verschreiben, ohne die Indikation ausreichend zu überprüfen oder Risiko und Nutzen abzuwägen. Der Weg in das Burnout oder die Medikamentenabhängigkeit wird hier mit ärztlicher Unterstützung gebahnt!

Illegale Drogen im Job

Noch bedenklicher ist es, wenn Menschen, die schon im Burnout sind oder meinen, ihren Anforderungen ohne Hilfsmittel nicht mehr gerecht zu werden, zu illegalen Drogen greifen. Kokain, Speed oder Ecstasy sind Beispiele für Substanzen, die den Anwender auf einer Party die ganze Nacht durchtanzen lassen, die aber auch geeignet sind, dem erschöpften Berufstätigen zu ermöglichen, das eilige Projekt noch rasch erfolgreich fertigzustellen. Diese Mittel vertreiben nicht nur Müdigkeit und

> **INFO**
>
> **DAK-Gesundheitsreport 2009**
>
> Etwa 800 000 eigentlich gesunde Arbeitnehmer in Deutschland nehmen mindestens zweimal wöchentlich stimmungsaufhellende oder leistungssteigernde Medikamente (z. B. Stimulanzien wie Ritalin oder Antidepressiva der neuen Generation) ein. Immerhin ein Viertel aller Befragten sah das Bedürfnis, die Aufmerksamkeit, das Gedächtnis oder die Leistung zu steigern als einen vertretbaren Grund für die Einnahme psychotroper Medikamente ohne medizinische Indikation an.

körperliche Erschöpfung, sie verleihen auch dem Verstand ein rascheres und klareres Denken. Ich möchte hier aber keine Werbung für diese Mittel betreiben, sondern im Gegenteil davor eindringlich warnen, denn der Preis für die vorübergehende Energie und Schaffenskraft ist hoch. Er besteht nicht nur in möglichen Nebenwirkungen bis hin zur Lebensgefahr, nicht nur in der Gefahr, ein Strafverfahren aufgehalst zu bekommen, sondern vor allem in der Verstärkung von Erschöpfung. Die Energie ist nämlich nur geborgt. Der Körper muss sich anschließend umso mehr erholen, um die aufgebrauchten Reserven wieder aufzufüllen. Erhält er hierzu aber keine Gelegenheit, oder das nächste dringliche Projekt wartet, dann gerät der Anwender immer tiefer in den Strudel aus Erschöpfung und dem Wunsch nach der nächsten Pille. Zu den schädlichen Auswirkungen auf den Energiehaushalt kommt noch die Gefahr der Entwicklung einer psychischen Abhängigkeit. Wer einmal oder sogar mehrmals die Erfahrung gemacht hat, wie er körperlich und geistig unter solchen Stimulanzien Höchstleistungen erbracht hat, während er sonst nur zu durchschnittlichen Leistungen in der Lage war, wird dieses Erfolgsgefühl immer wieder und immer öfter suchen, bis es ohne solche Mittel überhaupt nicht mehr geht. Also: Finger weg!

Sucht und Burnout

Seriösen Schätzungen zufolge gibt es in Deutschland mehr als 20 Millionen Nikotinabhängige, mehr als 3 Millionen Alkoholabhängige, mehr als 1 Million Medikamentenabhängige. Die Zahlen sind natürlich ungenau, da die Übergänge von sinnvollem Gebrauch, über riskanten Verhalten bis zu gefährlichem Missbrauch fließend sind. Dazu kommen noch die illegalen Drogen wie Cannabis, Heroin, Kokain und moderne Designerdrogen.

Burnout und Sucht hängen eng miteinander zusammen. Dies bedeutet keineswegs, dass jeder Burnoutpatient süchtig sein muss und jeder Süchtige Burnout entwickeln muss. Aber Burnoutbetroffene sind hochgradig gefährdet, zur Kompensation ihrer Symptome zu Suchtmitteln zu greifen. Der Betroffene erzielt durch den Gebrauch seines stofflichen (z. B. Nikotin, Alkohol oder Ecstasy) oder nichtstofflichen Suchtmittels (z. B. Internet oder Spiele) zwar eine kurzfristige Entlastung. Langfristig rauben diese Kompensationsversuche jedoch die letzte Energie.

Sucht und Burnout

Eine Vorbeugung von Burnout besteht daher in einem maßvollen Umgang mit Substanzen oder Verhalten, welches potenziell süchtig machen kann. Sind Burnout (Phase 2 oder 3) jedoch weit fortgeschritten und kann der Betroffene sein Suchtverhalten nicht mehr selbstständig steuern (leider ist es gerade ein Symptom der Sucht, dass Süchtige noch vermeinen, ihren Konsum steuern zu können, wenn das längst nicht mehr möglich ist), dann ist professionelle Hilfe angezeigt. Man muss sich seine Sucht eingestehen – das ist der erste und schwerste Schritt überhaupt! Auch Partner oder Angehörige »decken« leider oft lange Zeit die Sucht, um dem Süchtigen zu helfen, tatsächlich verlängert dieses – auch als co-abhängig bezeichnete – Verhalten nur das Verbleiben in der Sucht und damit das Leiden. Mein Appell an Betroffene und Angehörige ist, sich therapeutischen Rat in (Angehörigen-)Selbsthilfegruppen oder bei erfahrenen Suchttherapeuten zu holen. Der Süchtige sollte eine professionelle Therapie in einer stationären Klinik machen, die sowohl das Burnout als auch gleichzeitig die Sucht behandelt, da sonst nur Symptomkleisterei betrieben würde, welche langfristig nicht weiterhilft.

Wie Burnout entsteht – seelische Ursachen

Es muss kein Rund-um-die-Uhr-Job sein, der hinter einem Burnout steht. Auch Unterforderung und vor allem mangelnde Anerkennung können einen erschöpfen. Es sind oft viele kleine Puzzleteile – Enttäuschung, angestaute Aggressionen, Perfektionismus, Machtspiele oder Resignation –, die zusammenwirken. Diese unterschiedlichen psychosozialen Komponenten sollen jetzt im Einzelnen angeschaut werden.

Dass es noch andere Gründe für Erschöpfung gibt, habe ich dargelegt. Oft ist hier die Hauptursache dafür zu suchen und wenn ich diese beseitigen kann und sämtliche Burnoutsymptome damit weichen, dann brauche ich mich mit den psychosozialen Ursachen auch nicht weiter zu befassen. In sehr vielen Fällen sind diese aber schon ursächlich bedeutsam.

Ganzheitliche Therapie heißt, alle möglichen Ursachen von Krankheit zu berücksichtigen und auf allen Ebenen (körperlich, geistig und seelisch) anzugehen. Irgendwelche burnoutfördernde Einstellungen und Verhaltensweisen hat praktisch jeder. Spätestens dann, wenn diese aber zu Beschwerden im Sinne eines Burnouts geführt haben, dann sollten geeignete Maßnahmen dagegen ergriffen werden.

»Es wird der Tag kommen, wo die Menschen erkennen, dass ihre Krankheiten mit ihren Gedanken und Gefühlen zusammenhängen.« (W. von Humboldt)

Viele Menschen wehren sich dagegen, dass die Ursache ihrer Beschwerden etwas »Seelisches« sein soll. »Ich habe doch keinen an der Waffel!« ist dann eine mögliche Abwehrreaktion. »Ich gehe doch nicht zum Psychoklempner oder gar in die Klapse!« lautet nicht selten die Antwort auf das Angebot psychotherapeutischer Hilfe. Zunächst einmal: Nicht jeder Mensch mit Burnout benötigt professionelle Hilfe. In der ersten Phase (siehe S. 20) kommen Sie möglicherweise noch allein klar, wenn Sie die für Sie wichtigen Punkte in diesem Ratgeber beherzigen. In der zweiten Phase werden Sie von der Hilfe anderer – das können noch Freunde und Angehörige, aber auch schon Ärzte und Therapeuten sein – profitieren. Aber in der dritten Phase werden Sie ohne professionelle Hilfe kaum noch aus dem Burnout-Loch herauskommen.

In jedem Fall gilt aber: Wenn seelische Faktoren mit- oder sogar hauptursächlich an Ihrem Burnout beteiligt sind, dann ist es Ihre Aufgabe, diese zu erkennen und die richtigen Konsequenzen daraus zu ziehen – wenn Sie eine Linderung oder Heilung erzielen wollen! Sich diesen psychischen Dingen zu verweigern ist genauso borniert wie die Ansicht, Burnout habe ausschließlich seelische Ursachen und man brauche sich mit anderen möglichen Ursachen wie organischen Krankheiten, dem Umgang mit Genussmitteln, adäquater sportlicher Betätigung oder der richtigen Nährstoffzufuhr gar nicht zu beschäftigen.

Die Buddenbrooks

»Schlappe folgt auf Schlappe, und man ist fertig«

In der Literatur lassen sich auch zahlreiche Beispiele für Beschreibungen von Burnout finden. Eine der elegantesten und eindringlichsten ist sicher die von Thomas Mann in *Die Buddenbrooks*, Fischer Taschenbuch Verlag, 57. Aufl., 2008:

»Thomas Buddenbrook, ganz voll von dem Wunsche, der Firma den Glanz zu wahren und zu mehren, der ihrem alten Namen entsprach, liebte es überhaupt, im täglichen Kampf um den Erfolg seine Person einzusetzen, denn er wusste wohl, dass er seinem sicheren Auftreten, seiner gewinnenden Liebenswürdigkeit, seinem gewandten Takt im Gespräche manch gutes Geschäft verdankte. (S. 267 f.)

›Aber ich fühle mich in dieser Zeit älter, als ich bin. Ich habe geschäftliche Sorgen. … Dann kommt eines zum anderen, Schlappe folgt auf Schlappe, und man ist fertig. Wenn das Haus fertig ist, so kommt der Tod. Nun braucht es noch nicht grade der Tod zu sein. Aber der Rückgang … der Abstieg … der Anfang vom Ende …‹ (S. 430 f.)

Die beständige Anspannung des Willens ohne Erfolg und Genugtuung zehrte an seiner Selbstachtung und stimmte ihn verzweifelt.

Wirklich! Thomas Buddenbrooks Dasein war kein anderes mehr, als das eines Schauspielers, eines solchen aber, dessen ganzes Leben bis auf die geringste und alltäglichste Kleinigkeit zu einer einzigen Produktion geworden ist, einer Produktion, die mit Ausnahme einiger weniger und kurzer Stunden des Alleinseins und der Abspannung beständig alle Kräfte in Anspruch nimmt und verzehrt … Der gänzliche Mangel eines aufrichtig feurigen Interesses, das ihn in Anspruch genommen hätte, die Verarmung und Verödung seines Inneren – eine Verödung, so stark, dass sie sich fast unablässig als ein unbestimmt lastender Gram fühlbar machte … (S. 614)

Denn es war an dem, dass Thomas Buddenbrook, achtundvierzig Jahre alt, seine Tage mehr und mehr als gezählt betrachtete und mit seinem nahen Tod zu rechnen begann. Sein körperliches Befinden hatte sich verschlechtert. Appetit- und Schlaflosigkeit, Schwindel und jene Schüttelfröste, zu denen er immer geneigt hatte, zwangen ihn mehrere Male, Doktor Langhals zu Rate zu ziehen. ... Er hatte begonnen, am Morgen sehr lange zu schlafen, obgleich er jeden Abend den zornigen Entschluß faßte, sich früh zu erheben ... Die beständige Anspannung des Willens ohne Erfolg und Genugtuung zehrte an seiner Selbstachtung und stimmte ihn verzweifelt. Er war weit entfernt, sich den betäubenden Genuß der kleinen, scharfen, russischen Cigaretten zu versagen, die er, seit seiner Jugend schon, täglich in Massen rauchte. (S. 650 f.)

(An seinen Sohn gewandt spricht Thomas Buddenbrook) ›Ich kann früher dahingehen, als wir denken, mein Sohn. ... Wenn Du leben willst, und sogar gut leben, so wirst Du arbeiten müssen, schwer, hart, härter noch als ich ...‹« (S. 651 f.)

Wir sehen hier exemplarisch eine Entwicklung von Burnout, wie sie im wahrsten Sinne des Wortes im Buche steht. Zahlreiche Facetten von Burnout (z. B. körperliche Symptome, Depression, Verzweiflung) werden genauso sichtbar wie das Bestreben, lange Zeit den Schein zu wahren, obwohl dem Betroffenen im tiefsten Inneren längst bewusst ist, dass es so nicht mehr weitergeht, ja sogar schon eine Todessehnsucht entstanden ist. Trotzdem besteht keine Bereitschaft, von den erlernten Strategien abzulassen, vielmehr wird der Stab wider besseres Wissen an die nächste Generation unverändert weitergereicht. ■

Äußere Faktoren, die ein Burnout begünstigen

Bei den psychosozialen Faktoren unterscheiden wir äußere von inneren Ursachen. Die äußeren Ursachen können wir direkt kaum beeinflussen, es sind die sogenannten Sachzwänge, denen wir mehr oder minder hilflos ausgeliefert sind. Die inneren Faktoren – das sind wir selbst. Sie beschreiben unsere Haltungen, unsere Einstellungen, all das, was wir vielleicht geerbt oder später erlernt haben. Zunächst Beispiele für ungünstige äußere Bedingungen:

- quantitativ hohe Arbeitsbelastung (Man muss zu viel in zu kurzer Zeit machen.)
- qualitativ hohe Arbeitsbelastung
- Unterforderung oder langweilige Routinearbeiten
- keine Aufstiegs- oder Entwicklungsmöglichkeiten
- übermäßige Kontrolle oder ungenügende Führung durch Vorgesetzte oder Angehörige
- fehlende Zielvereinbarungen
- wenig Anerkennung für gute Leistungen

- ungenügende Unterstützung durch Kollegen oder Angehörige (nicht »am gleichen Strang ziehen« oder sogar gegeneinander arbeiten)
- schlechtes Klima in Betrieb oder Familie, eventuell sogar Mobbing in der Abteilung (Mobbing zehrt nicht nur an der Energie des Gemobbten)
- Probleme in der Beziehung, die nicht ausgleichend zum Stress in Beruf oder Haushalt wirkt, sondern diesen noch verstärkt
- schwere oder chronische Krankheit (eigene oder in der Familie)
- wenig soziale Kontakte und Freunde
- fehlende Entspannungsmöglichkeiten

Persönlichkeitsmerkmale, die für Burnout prädestinieren

Die inneren Faktoren, unsere Einstellungen und Verhaltensweisen anderen Menschen und dem Leben gegenüber, können ebenfalls eine wichtige Rolle spielen. Einige der folgenden Merkmale weist vermutlich jeder auf, ohne deshalb zwangsläufig burnoutgefährdet zu sein. Möglicherweise finden Sie in der Liste aber auch einige Merkmale wieder, die bei Ihrem Burnout maßgeblich beteiligt sein könnten.

- Doppel- und Dreifachbelastungen (z. B. Arbeit plus Vereine oder Karrierefrau plus Hausfrau und Mutter)
- Perfektionisten, die immer 100 % von sich fordern
- rigide Menschen, die wenig flexibel auf unterschiedliche Anforderungen reagieren können
- soziale Menschen, die nicht »Nein« sagen können, es allen anderen Recht machen wollen und an sich selbst zuletzt denken
- Menschen mit hohen Ansprüchen an sich selbst
- idealistische Menschen, die viel Energie für »ihre Sache« opfern
- dogmatische Menschen, die sich eng an Regeln halten und davon nicht abweichen können, auch wenn es sinnvoll wäre
- Menschen, die nicht delegieren können, sondern alles selber machen wollen
- Menschen, die ihre eigenen Bedürfnisse nicht wahrnehmen oder nicht berücksichtigen
- Menschen, deren höchste Erfüllung ihr Erfolg bei der Arbeit ist und die sich über ihre Arbeit definieren
- Menschen, die viel Anerkennung und Bestätigung brauchen und sehr rasch frustriert sind, wenn sie diese nicht bekommen
- Menschen mit unerfüllten Wünschen/Zielen, z. B. der nächste Schritt auf der Karriereleiter, die erhoffte Gehaltserhöhung oder eine nicht erwiderte Liebe
- Menschen mit geringer Frustrationstoleranz, die vermeintliche oder tatsächliche Fehlschläge schlecht wegstecken können
- Menschen, die nicht gut abschalten und erholen können, sondern auch in der Freizeit immer »unter Dampf stehen«

Die Bibel

»Mein Auge ist trübe geworden vor Gram«

Die Bibel ist geradezu ein Lehrbuch der gesamten Menschheitsgeschichte und so würde es verwundern, wenn wir nicht auch in der Bibel eine Beschreibung von Burnout fänden. Die folgende Textstelle (Psalter Kap. 6, Vers 7–8) spiegelt sehr schön Erschöpfung und Depression wider:

– Ich bin so müde vom Seufzen; ich schwemme mein Bett die ganze Nacht und netze mit meinen Tränen mein Lager.

– Mein Auge ist trübe geworden vor Gram und matt, weil meiner Bedränger so viele sind.

Burnout tritt nicht nur in »Helferberufen« auf

Zunächst dachte man, dass nur »Helferberufe« wie Krankenschwestern oder Psychotherapeuten von Burnout betroffen sind. Heute weiß man, dass jeder Mensch von Burnout ereilt werden kann, wenn die entsprechenden inneren und äußeren Faktoren und/oder die beschriebenen körperlichen Faktoren vorliegen.

Stewardessen – immer lächeln

Lassen Sie uns einige Berufsbeispiele etwas genauer anschauen. Bei Stewardessen würde man nicht unbedingt eine Burnoutgefahr vermuten. Sie lächeln doch immer und scheinen mit ihrer Arbeit sehr zufrieden zu sein. Das Lächeln ist aber nicht immer echt. Fluggesellschaften kämpfen heute um jeden Fluggast. Der Fluggast kann weder den Zustand der Turbinen noch die Qualität der Piloten beurteilen, er fühlt sich aber bei einer freundlich lächelnden Stewardess zufriedener als bei einer griesgrämigen. Das heißt nicht, dass jedes Lächeln einer Stewardess falsch und aufgesetzt sein muss. Stewardessen werden daraufhin trainiert, dass sie auch bei einem hohen Arbeitsanfall (z. B. Ausgabe von 200 Essensportionen in kurzer Zeit) oder bei erhöhtem Stress (z. B. weinende Kinder, maulende oder ängstliche Fluggäste) stets ihre Ruhe und Freundlichkeit bewahren müssen. Wenn irgendetwas schief geht, sind sie der erste Ansprechpartner und nicht selten auch der »Blitzableiter« für den Ärger der Kunden über schlechtes Essen oder Verspätungen im Flugplan – also für Dinge, die sie nicht zu verantworten haben. Wenn nicht, dann fliegen sie – und damit ist dann nicht die nächste Flugreise gemeint. Zeitumstellungen durch Reisen über mehrere Zeitzonen sind ebenfalls nicht gerade energiespendend.

Julia

›› Callcenter: »Jeder, der anruft, hat ein Problem und ist genervt«

Julia (28) arbeitet im Callcenter eines Telekommunikationsunternehmens. »Jeder, der anruft, hat ein Problem und ist genervt. Wir wurden geschult, dass wir immer freundlich sein sollen. Aber lächeln Sie mal und antworten gleichbleibend freundlich, wenn Sie manchmal vom Anrufer richtig beschimpft werden. Ich kann doch nur versuchen, den Anruf an die richtige Stelle weiterzuleiten. Wenn ein Anruf bewältigt ist, klingelt das Telefon schon wieder. Und das acht Stunden lang. Wir haben auch einfach zu wenige Mitarbeiter. Ich kann die Leute ja schon verstehen, wenn sie lange in der Warteschleife waren und dann ihrem Ärger erst einmal Luft machen. Aber ich kann doch auch nichts dafür. Eine positive Bemerkung, ein Lob habe ich noch nie gehört. Weder von den Anrufern noch von den Vorgesetzten. Wenn ich mich selbst einmal beschwere und mehr Ruhezeiten oder mehr Personal fordere, dann kriege ich zu hören, dass für jeden Mitarbeiter zehn auf der Straße stehen und sich die Finger nach dem Job lecken. Wenn ich könnte, würde ich sofort etwas anderes machen, aber ich finde nichts und ich brauche das Geld.«

Hier sehen wir also eine Tätigkeit, die extrem stressig ist (Zeitdruck, hoher Arbeitsanfall), keine Anerkennung und keine Aufstiegsmöglichkeiten bietet. Die Perspektive ist schlecht, eine Alternative gibt es nicht. Das sind alles gute Voraussetzungen für die Entstehung eines Burnouts.

Fluglotsen – viel Verantwortung, wenig Lob

Wenden wir uns noch einmal der Fliegerei zu, diesmal den Fluglotsen. Hier haben wir eine extrem verantwortungsvolle Tätigkeit – ein Fehler kann hunderten Menschen das Leben kosten. Oft müssen mehrere Vorgänge gleichzeitig im Auge behalten werden. Und Anerkennung gibt es gar keine. Der Pilot im Urlaubsbomber erhält wenigstens noch nach der Landung Beifall. Wer denkt eigentlich jemals daran, dass auch der Fluglotse an einem erfolgreichen Flug maßgeblich beteiligt ist? Für andere verantwortungsvolle Tätigkeiten (z. B. Schwester auf der Intensivstation, Aufsichtspersonal im Kernkraftwerk) gilt ganz Ähnliches – große Verantwortung, hohe nervliche Beanspruchung, da auch der kleinste Fehler zu einer Katastrophe führen kann, und wenig oder keine Anerkennung für die geleistete Arbeit.

Arbeitslose mit Burnout?

Aber Arbeitslose sollten nun wirklich vor Burnout gefeit sein. Die können doch ausschlafen, tun den ganzen Tag nichts und kassieren auch noch ein üppiges Arbeitslosengeld. So lauten die Vorurteile von einigen Menschen, denen dieses Schicksal

Wie Burnout entsteht – seelische Ursachen

bisher erspart blieb. Sicher gibt es auch den Arbeitslosen, der sich in der »sozialen Hängematte« ausruht. Die Regel dürfte aber der Arbeitslose sein, der von Existenzängsten geplagt ist, der unter Versagensgefühlen gegenüber seinen Angehörigen und seinen arbeitenden Freunden und Bekannten leidet und den nach der fünfzigsten erfolglosen Bewerbung langsam der Mut verlässt.

Nicht die Arbeitsmenge zählt, sondern die Gefühlslage, mit der man seine Arbeit tut bzw. seine Zeit verbringt. Wenn Einsatz und Ertrag, Anstrengung und Belohnung, Negatives und Positives in keinem allzu krassen Missverhältnis stehen, dann kann ein hoher Grad von Engagement jahrelang aufrechterhalten werden.

Im Mittelalter gab es vermutlich kein Burnout

Im Mittelalter beispielsweise gab es Knechte in Leibeigenschaft mit Sechstagewoche und bis zu 16 Arbeitsstunden pro Tag – aber vermutlich dennoch kein Burnout. Heute erleichtern uns Haushaltsgeräte und Maschinen die Arbeit. Wir brauchen kaum noch körperlich hart zu arbeiten. Aber es gibt Burnout. Woran liegt das? Es ist davon auszugehen, dass mittelalterliche Knechte nach ihrer Arbeit wirklich sehr erschöpft waren. Aber es gab immer wieder auch Regenerationsphasen (z. B. in den Wintermonaten), in denen die Knechte mangels Geld und technischer Möglichkeiten eben nicht auf zusätzlich zehrenden Erlebnisurlaub um die halbe Welt jetten konnten, sondern im Winter wirklich vom Sonnenuntergang bis zum -aufgang ruhten. Sie waren vielleicht in keine beneidenswerte, aber in eine stabile Welt hineingeboren (wenn man von Kriegszeiten einmal absieht). Praktisch alle waren in die gleichen Verhältnisse hineingeboren. Die wenigen, die es besser hatten (z. B. Adel, Kaufleute), hatte ihre Position oder ihren Wohlstand gottgewollt erhalten. Man haderte nicht mit dem Schicksal, sondern ertrug es und fand Trost im Warten auf die »Erlösung aus dem Jammertal«. Nicht, dass ich diese Verhältnisse wiederhaben möchte, aber unsere heutigen »instabilen« Verhältnisse und die Haltung, dass jeder seines Glückes Schmied ist, für seinen Erfolg, aber auch für seinen Misserfolg allein selbstverantwortlich oder sogar »schuld« ist, wirkt psychisch nicht gerade entlastend.

Gott gebe mir die Gelassenheit, die Dinge hinzunehmen, die ich nicht ändern kann, den Mut, die Dinge zu ändern, die ich ändern kann, und die Weisheit, das eine vom andern zu unterscheiden.

(Chr. F. Oetinger, 1702–1782)

Im Fokus: Frauen und Burnout

Warum sind Frauen mitunter besonders gefährdet? Frauen haben heute – von kleinen Ausnahmen abgesehen – weitgehende Gleichberechtigung erreicht. Es gibt praktisch keine Profession und keine Stellung, die nicht auch Frauen ergreifen können (wer hätte vor 20 Jahren zu träumen gewagt, dass wir heute eine Bundeskanzlerin haben). Allein die Position des Papstes ist den Frauen (noch) verwehrt.

Von den Frauen wird dabei genauso viel erwartet wie von den Männern – mitunter sogar mehr. Gerade in gehobenen Positionen bringen Frauen dabei nicht unbedingt »weibliche Werte« (z. B. Geduld, Sensibilität) mit, sondern versuchen teilweise, ihre männlichen Kollegen rechts zu überholen und agieren nicht selten männlicher (z. B. Aggressivität, Dominanzstreben) als diese selbst. Die »gleichberechtigten« Frauen sind dabei leider kaum vor den Fehlern der Männer gefeit. Ein Indiz dafür sind beispielsweise die steigenden Zahlen von Lungenkrebs. Es gibt heute in der Jugend keinen Unterschied im Rauchverhalten zwischen Jungen und Mädchen. Daher werden Frauen in wenigen Jahren beim Lungenkrebs auch die völlige Gleichberechtigung erlangt haben.

Von Frauen wird aber meist noch mehr erwartet als von ihren männlichen Pendants. Sie haben oft eine Doppelrolle – nämlich beruflich und privat. Selbstverständlich wird erwartet (und schließlich tun sie das vor allem schon selbst), dass sie in beiden Bereichen »ihren Mann stehen«. Beruflich erfolgreich und noch eine gute Mutter, perfekte Hausfrau und liebevolle Partnerin – all das erhöht die Gefahr enorm, vom Burnout ereilt zu werden.

Powerfrauen heute: »Look like a lady, act like a man, work like a dog.«

Die »Pflegefalle«

Eine weitere »Erschöpfungsfalle«, in die vor allem Frauen geraten, ist die aufopfernde Pflege eines chronisch kranken Angehörigen. Denn meist sind es Frauen, oft die Töchter oder Schwiegertöchter, die im Pflegefall für einen älteren Familienangehörigen sorgen. Zur Burnoutgefahr wird diese Tätigkeit immer dann, wenn die Hauptlast auf den Schultern einer Person ruht, und diese damit zeitlich, körperlich, aber vor allem auch emotional und psychisch überfordert wird. Lassen Sie uns dazu ein Beispiel anschauen (siehe S. 68).

Wenn Sie einen demenzkranken Angehörigen zu Hause betreuen wollen, ist es unter anderem wichtig, sich zunächst ausführlich über die Erkrankung selbst und über die zahlreichen finanziellen und auch personellen Unterstützungsmöglichkeiten zu informieren. Binden Sie frühzeitig andere (familiäre) Pflegepersonen mit ein. Es muss auf jeden Fall sichergestellt sein, dass die Hauptpflegeperson regelmäßige Regenerationszeiten hat – denken Sie an das

Wie Burnout entsteht – seelische Ursachen

Waagemodell von S. 15: auf Belastung muss auch immer wieder Entlastung folgen –, um gesund bleiben zu können.

Eine weitere wichtige Komponente ist die schon mehrfach erwähnte Anerkennung der Leistung, die auch hier zum Tragen kommt. Wenn die Familie (oder auch Freunde und professionelle Berater) die Pflegeperson unterstützt, anerkennt und für entlastende, mitfühlende Gespräche zur Verfügung steht, wirkt das als Burnoutschutz. Fehlender Rückhalt beschleunigt dagegen die Erschöpfungsspirale, wie im unten aufgeführten Beispiel deutlich wird.

Petra

» Pflege der demenzkranken Schwiegermutter

Petra hat mit ihrem Mann zwei Kinder großgezogen. Nun ist sie 52 Jahre alt, die Kinder sind aus dem Haus und sie ist froh, dass sie eine Halbtagesstelle als Arzthelferin in einer Allgemeinpraxis gefunden hat. Dann wurde aber ihre Schwiegermutter, mit der sie sich immer gut verstand, zunehmend dement. Als sie beinahe ihre Wohnung abgefackelt hätte, weil sie brennende Kerzen vergaß, war klar, dass es so nicht weitergehen konnte: »Wir mussten sie entweder ins Heim bringen oder uns selbst um sie kümmern. Da ich sie gern mochte und ich als Arzthelferin auch etwas von Pflege verstand, war die Entscheidung für uns klar: Wir wollten sie bei uns haben, zumal die Kinder aus dem Haus waren und wir genügend Platz hatten.«

Doch die Schwiegermutter verfiel geistig und körperlich sehr rasch. Sie schlief tagsüber, stand nachts auf und wuselte herum. Sie begann inkontinent zu werden. »Das alles hätte ich noch ertragen. Aber auch ihr Wesen veränderte sich. Sie wurde sehr misstrauisch und zum Teil aggressiv. Aus der charmanten älteren Dame wurde ein böser Drachen. Ich ärgerte mich oft über ihr Verhalten, obwohl ich eigentlich wusste, dass sie nichts dafür konnte. Manchmal machte sie mir Angst, oft tat sie mir leid.«

Ich ärgerte mich oft über ihr Verhalten, obwohl ich eigentlich wusste, dass sie nichts dafür konnte. Manchmal machte sie mir Angst, oft tat sie mir leid.

Petras Mann bekam davon nicht so viel mit, da er den ganzen Tag an der Arbeit war. Abends wollte er von den Problemen seiner Frau mit seiner Mutter nichts hören, sondern seine Ruhe haben. »Ich fühlte mich von ihm im Stich gelassen. Wir hatten alle Krisen immer gut gemeistert und nun drohte seine Mutter auch noch unsere Ehe zu gefährden«, beklagte sich Petra.

Obwohl Petra ihren Job als Arzthelferin bald wieder aufgab, um die Schwiegermutter rund um die Uhr betreuen zu können, setzten ihr die Erschöpfung und Überforderung mehr und mehr zu. Nachts schlief sie kaum noch, entweder geisterte die Schwiegermutter durchs Haus und musste beruhigt und wieder zu Bett gebracht werden oder die Sorgen ließen Petra nicht zur Ruhe kommen. Tagsüber versuchte sie, die Pflege so gut es ging zu bewältigen, wobei sie immer wieder rasende Kopfschmerzen und Schwindelattacken hatte. »So kann es nicht mehr weitergehen. Ich halte das nicht mehr aus. Mein Mann und ich müssen eine andere Lösung finden, sonst klappe ich endgültig zusammen.«

Burnout bei Lehrern

Auch wenn hier explizit die Lehrer angesprochen und lehrerspezifische Aspekte berücksichtigt werden, so bedeutet das nicht, dass der eine oder andere Punkt in ähnlicher Form nicht auch für Nicht-Lehrer zutreffen könnte. Je nach Studie leiten 10–30 % der Lehrer unter Burnout. Über 90 % gehen krankheitsbedingt, teilweise weit vor dem 65. Lebensjahr in den Ruhestand, wobei psychische Störungen und Beeinträchtigungen im Vordergrund stehen.

Lehrer sollen Informationen vermitteln, die die Schüler fit machen, im globalen Wettbewerb zu bestehen. Lehrer sollen aber gleichzeitig auch Werte vermitteln.
- Die Gesellschaft fordert vom Lehrer, den Schülern die Bildungsinhalte zu vermitteln, die dieser am Arbeitsmarkt braucht, um den Wirtschaftsstandort Deutschland auch im 3. Jahrtausend wettbewerbsfähig zu halten.
- Die Eltern fordern vom Lehrer eine Wertevermittlung (z. B. Toleranz, Respekt, demokratische Grundhaltungen), die sie selbst ihren Kindern nicht mehr vermitteln können oder wollen.
- Die Schüler fordern vom Lehrer eine Wissensvermittlung mit hohem Spaßfaktor, wie sie es von Fernsehsendungen wie der Sesamstraße, der Sendung mit der Maus oder von Galileo kennen.

Der Lehrer soll also eine eierlegende Wollmilchsau sein. Diesem Anspruch kann niemand vollständig gerecht werden. Umso wichtiger erscheint es, realistische Ziele zu erarbeiten, was mit den zur Verfügung gestellten Arbeitsmitteln in Form von Zeit und Materialien und dem »Arbeitsmaterial« der Schüler (oft demotiviert, gelangweilt, resigniert, aggressiv) überhaupt möglich ist. Ein intensiver Austausch mit anderen Lehrern innerhalb des eigenen Kollegiums kann helfen, wenn man erkennt, dass verschiedene Lehrer dieselben Schwierigkeiten mit bestimmten Schülern oder Klassen haben. Oder haben manche Lehrer gar nicht diese Schwierigkeiten? Was machen diese denn anders? Kann ich von denen lernen?

Wie Burnout entsteht – seelische Ursachen

> ### INFO
> **Verschiedene Lehrertypen**
>
> Typ A: Der »Informatiker« vermittelt Wissen ohne Rücksicht auf Beziehungsaspekte. Er neigt zu Genauigkeit bis hin zur Zwanghaftigkeit.
>
> Typ B: Der »Gutmensch« bringt den Schülern ein hohes Maß an Verständnis und Empathie entgegen. Er will Partner des Schülers sein und mit ihm auf gleicher Augenhöhe stehen. Er ist beim Schüler beliebt, aber oft nicht respektiert, da sein Verhalten nicht selten als Führungsschwäche ausgelegt und entsprechend ausgenutzt wird.
>
> Bei beiden Typen besteht die Gefahr, krank zu werden. Auch hier ist ein Gleichgewicht zwischen beiden Verhaltensweisen anzustreben. Beides ist wichtig. Es gibt Situationen, in denen eher das eine oder das andere gefordert ist. Ein erfolgreicher Lehrer weist sowohl hohe pädagogische als auch didaktische Fähigkeiten auf. Das pädagogische Geschick des Lehrers besteht darin zu erkennen, welche Strategie in der aktuellen Situation gefordert ist. »Naturtalente« machen das intuitiv richtig, die anderen sollten es – ggf. mit Unterstützung von außen – erlernen.

Viele Arbeitnehmer haben den Vorteil, dass sie die Arbeit wirklich hinter sich lassen können, wenn sie den Betrieb verlassen haben. Nicht so die Lehrer. Ein Großteil der Arbeit (z. B. Korrektur von Klassenarbeiten, Vorbereitung von Kursen und Projekten) wird am »Feierabend«, am Wochenende oder in den Ferien geleistet. Lehrer haben dabei die (von anderen) beneidete Fähigkeit, selbst entscheiden zu können, wann sie was tun. Diese Freiheit ist aber oft nur scheinbar, denn sie verleitet dazu, nicht mehr scharf zwischen wirklicher Arbeit und wirklicher Freizeit zu trennen. Hier ist die Selbstdisziplin der Lehrer gefordert – für andere Arbeitnehmer, die »Arbeit mit nach Hause nehmen«, gilt das in gleichem Maße. Gerade solche »Heimarbeiter« sollten bewusst festlegen, wann und wie viel sie an welchen Tagen beruflich motiviert tun wollen und welche Tage wirklich der Erholung und der Familie gewidmet sind, z. B. am Wochenende maximal eine Stunde der Arbeit widmen.

Enttäuschung = Burnout?

Wir haben in einigen Beispielen schon gesehen, dass Enttäuschung Burnout verursacht oder zumindest begünstigt. Das trifft aber nicht immer zu. Nicht jede Enttäuschung bedingt automatisch Burnout. Enttäuschungen fördern Burnout, Enttäuschung über das schlechte Wetter bereitet Ärger, führt aber nicht zu Burnout. Es muss zu einer Enttäuschung also noch etwas anderes hinzukommen. Wenn etwas Negatives schicksalhaft und von uns nicht beeinflussbar hereinbricht, dann kann es höchst unangenehm sein oder sogar eine reaktive Depression auslösen (z. B. der Unfalltod eines lieben Angehörigen). Aber erst, wenn wir uns richtig angestrengt, all unsere Energie in die richtige Sache investiert, ja sogar unser Herzblut gegeben haben, diese Bemühungen aber nicht gewürdigt werden, dann besteht höchste Gefahr, Burnout zu erleiden.

Diese Gefahr besteht besonders dann, wenn wir nicht erfolgreich waren, sie besteht aber selbst dann, wenn wir die gesteckten Ziele verwirklicht haben, sich dann aber andere mit unseren Lorbeeren schmücken (soll ja in manchen Betrieben vorkommen) oder aber Kunden, Kollegen oder Familienangehörige diese Erfolge und die geleistete Arbeit nicht anerkennen. Die materielle Würdigung in Form von Gehaltserhöhung oder Prämien stellt dabei noch die geringste Form der Anerkennung dar. Viel wichtiger sind persönliche Belobigungen oder sogar die ausdrückliche Erwähnung der geleisteten Arbeit vor der Belegschaft bzw. die Anerkennung der täglichen Arbeit und Fürsorge durch die Familie.

Woran die Menschen leiden, sind nicht die Ereignisse, sondern ihre Beurteilungen der Ereignisse. (Epiktet)

Perfektionismus – ein sicherer Weg ins Burnout

Wie genau sind Sie in dem, was Sie tun? Keine Sorge: Ich möchte Sie nicht dazu animieren, schlampig zu arbeiten. Aber müssen Sie immer und überall 100 % bringen? Kennen Sie die 80:20-Regel? Diese besagt, dass wir für die ersten 80 % an Wirkung 20 % Aufwand erbringen müssen. Für die restlichen 20 % Wirkung müssen Sie aber 80 % an Aufwand leisten. Das Verhältnis kehrt sich also von 1:4 auf 4:1 um, was eine Versechzehnfachung des Verhältnisses Aufwand:Wirkung bedeutet.

Natürlich gibt es Situationen, wo Sie 100 %ig arbeiten müssen. Der Unfallchirurg kann die Operation nicht nach 80 % abbrechen. Die Rechtsanwältin muss den wichtigen Verkaufsvertrag 100 %ig wasserdicht formulieren, weil an einer kleinen fehlerhaften Formulierung Millionen Euro hängen können. Aber müssen wir immer und überall exakt 100 % Leistung bringen und auch den kleinsten Fehler vermeiden? Prüfen Sie, wo Sie weniger Leistung bringen können, ohne das Gesamtergebnis entscheidend zu gefährden. Es gibt überall Energieeinsparpotenziale.

TIPP

Mal Fünfe gerade sein lassen

Überlegen Sie mal, wo Sie unnötigen Perfektionismus abbauen können. Fragen Sie Ihre Kollegen, ob sie Sie für perfektionistisch halten. Vielleicht ist gerade Ihr übergenaues Arbeiten schon unangenehm aufgefallen und setzt nicht nur Sie selbst, sondern auch Ihre Kollegen unter Druck. Werden in Ihrem Unternehmen Mitarbeitergespräche geführt? Fragen Sie Ihren Vorgesetzten, wie dieser mit Ihrem Arbeitsstil zufrieden ist? Arbeiten Sie zu genau oder zu ungenau? Vielleicht sind Kollegen und Vorgesetzte ja ganz froh, wenn Sie mal »Fünfe gerade sein lassen würden«.

Dasselbe gilt übrigens auch für den Haushalt. Nicht dass es in der Wohnung verdreckt aussieht, aber muss der Fußboden immer so sauber sein, dass man davon essen kann? Muss jedes Kissen auf dem Sofa genau an der richtigen Stelle liegen? Muss erst die ganze Wäsche weggebügelt worden sein, bevor Sie sich mit einem Glas Wein hinsetzen dürfen und mit Ihrem Partner kuscheln? Fragen Sie Ihren Partner und Ihre Kinder, wie genau, wie sauber oder wie perfektionistisch Sie eingeschätzt werden. Vielleicht wären Ihre Angehörigen ganz dankbar dafür, wenn Sie 10 % weniger Zeit und Energie für das perfekte Essen, den sauberen Fußboden und die exakt gebügelte Wäsche aufwenden und stattdessen diese Energie in den Kontakt mit Ihren Lieben verwenden würden.

Aggression – verschwendete Energie

Bei den Burnoutphasen haben wir schon zwei »Verarbeitungsstrategien« kennen gelernt – nämlich Aggression und Resignation. Aggression scheint erstmal die günstigere Variante zu sein. Sie zeigt immerhin an, dass noch ein Rest an Energie in der Batterie vorhanden ist. Wenn ich diese in einer letzten, verzweifelten und manchmal auch überzogenen Aktion auch noch vergeude, habe ich mir nicht viel genutzt und andere Menschen auch noch verprellt. Nicht selten trifft die Aggression nämlich nicht die, die sie eigentlich verdient hätten, sondern Menschen, die dafür gar nichts können, nun aber eine Rolle als Blitzableiter zugeteilt bekommen.

Klaus

》 Da ist ihm schließlich der Kragen geplatzt …

Klaus hatte einen schlechten Tag in der Firma. Der Chef hat ihn für einen Fehler verantwortlich gemacht, für den er gar nichts konnte. Abends musste er erstmal zwei Flaschen Bier trinken, um sich zu beruhigen. Klaus wurde auch zunächst ruhiger, seine Aggressionsbereitschaft stieg jedoch an. Seine Frau Vera wollte ihm während der Fußballübertragung im Fernsehen unbedingt von kleinen, seiner Meinung nach unbedeutsamen Problemen seiner Kinder in der Schule berichten (heute war Elternsprechtag gewesen). Da ist ihm schließlich der Kragen geplatzt und er hat seine Frau angeschrieen, woraufhin sie sich enttäuscht in ihr Schneckenhaus zurückgezogen hat. Na, wenigstens zu Hause hatte er noch was zu sagen! Zwei weitere Flaschen Bier später und nach einem wichtigen Sieg seiner Fußballmannschaft ging es Klaus erheblich besser, auch wenn er von seiner schmollenden Frau keinen Gute-Nacht-Kuss erhielt. Am nächsten Morgen wachte er jedoch mit Kopfschmerzen und einem schlechten Gewissen auf. Der Schlaf war nicht erholsam gewesen, er fühlte sich noch erschöpfter als sonst und zusätzlich auch noch psychisch richtig mies. Klaus graute vor dem kommenden Tag noch mehr als sonst.

Aggression, die nach außen getragen wird (z.B. Streit mit Arbeitskollegen, Auslassen der schlechten Laune an den Kindern oder dem Partner), führt zunächst zu einer kurzen Entlastung. Langfristig hilft das jedoch nicht weiter, sondern verprellt die Menschen, die einem weiterhelfen könnten. Es gibt mittlerweile Seminare, in denen die Teilnehmer sogar Aggressionen trainieren können. Ich persönlich halte dies eher für kontraproduktiv. Das heißt keineswegs, dass man immer zurückstecken soll. Nein, treten Sie für sich und Ihre Sache angemessen ein. Bei manchen Angelegenheiten lohnt keinerlei Beschäftigung damit und man kann sie auf sich beruhen lassen, selbst wenn man anderer Meinung ist. Bei anderen Dingen sollte man schon seine Meinung kundtun. Auch hier sollten Sie sich aber fragen: Wie viel Energie wende ich dafür auf? Wie ist das Verhältnis von Aufwand zu möglichem Gewinn. Wie viel Zeit, Nerven und Energie wird in Betrieben, Vereinen oder Familien im Kampf um »Nichtigkeiten« vergeudet?

Machtspielchen

Oft geht es aber gar nicht um die Sache an sich, sondern um Machtkämpfe (»Ich will diese Sache durchsetzen, nicht weil sie wichtig ist, sondern weil ich den anderen zeigen möchte, dass ich die Macht habe, sie durchzusetzen.«). Solche Machtspiele werden oft mit ausgefeilten Strategien, raffinierten Intrigen und subtilen Manövern, die Entscheidungsträger auf seine Seite zu

TIPP

Umgang mit eigenen Aggressionen

Aggression bringt praktisch nie etwas. Wenn mich die Wut packt, sollte ich kurz innehalten und tief ein- und ausatmen. Wenn ich ein wenig Zeit habe und allein bin, kann ich die Yoga-Atemübung praktizieren (siehe S. 107 oder meine angespannten Muskeln mit einer Muskelentspannung nach Jacobson entlasten (siehe S. 108). Ich sollte mir klar werden, was mich eigentlich so aggressiv macht. Ich sollte mir einen geeigneten Zeitpunkt aussuchen, um meine Gefühle auszudrücken. Wenn es geht (z. B. Arbeitskollege, Chef, Untergebener, Partner) mit demjenigen, der die negativen Gefühle mit verursacht hat. Wenn es nicht geht (z. B. Kunde, der nicht kritisiert werden darf oder schon weg ist), mit einem Menschen meines Vertrauens, dem ich mich offenbaren darf. Suchen Sie sich einen Menschen, der für Sie als »Mülleimer« dient. Fragen Sie ihn aber vorher, ob Sie das dürfen und ob er auch jetzt Zeit dafür hat. Belohnen Sie ihn auch dafür (z. B. können Sie ihm in ähnlichen Situationen auch zur Verfügung stehen, laden Sie ihn zu einem Essen ein oder honorieren Sie seinen Einsatz auf eine andere angemessene Weise). Suchen Sie sich aber keine »Blitzableiter« für Ihre Aggressionen.

---

ziehen, ausgeführt. Dabei geht es eigentlich nur um die kindische Forderung: »Ich habe in diesem Sandkasten das Sagen und ich sage, dass ich zuerst mit dem Förmchen spiele!« Wenn Sie bei diesen Spielchen nicht mitmachen wollen, Sie sich aber zunehmend darüber ärgern, dann sollten Sie die Angelegenheit irgendwann auf die »Meta-Ebene« heben. Mit entsprechenden Personen (z. B. Kollegen, Vorgesetzten, Betriebrat, Supervisor) sollten Sie nicht über einen einzelnen Konflikt, sondern über die dahinter liegenden Muster sprechen.

Und dann gibt es natürlich auch noch »existenzielle Fragen«, wo Sie nicht zurückstecken können und es auch nicht sollten. Wenn Sie etwa gezwungen werden, etwas zu tun, was Ihren Grundüberzeugungen diametral entgegensteht, dann dürfen Sie auch einmal »mit der Faust auf den Tisch hauen«. Das ist bildlich gemeint. Auch hier bringt Aggression meist nicht viel, sondern zeigt nur Ihre Verunsicherung und fordert Gegenreaktionen heraus. Sie sollten aber klarmachen, wann ein Punkt erreicht ist, an dem Sie nicht mehr mitspielen – je ruhiger, klarer und bestimmter Sie dies sagen, desto überzeugender wirken Sie. Position zu beziehen, schafft mehr Respekt als immer nur klein beizugeben.

Resignation – Wer von vornherein aufgibt, hat schon verloren

Im vorigen Absatz habe ich erläutert, dass man auch mal zurückstecken und nicht jeden Fehdehandschuh aufnehmen sollte. Dies sollte jedoch bewusst erfolgen und hat überhaupt nichts mit Resignation zu tun. Wenn ich resigniert bin, dann ist es nicht mehr meine freie Entscheidung, ob und wann ich meine Energie für oder gegen eine Sache einsetze. Ich lasse los, ich gebe auf, weil ich vor lauter Erschöpfung oder Mutlosigkeit gar keine andere Wahl mehr habe.

Hildegard

» Ich wurde von meiner Vorgesetzten zur Strecke gebracht«

Hildegard ist seit mehr als 30 Jahren Krankenschwester, davon 20 Jahre auf derselben Station. Als die Stationsleitung eine neue Aufgabe bekam, glaubte Hildegard, dass sie durch ihre große Erfahrung und ihr gutes Verhältnis zu Patienten, Kollegen, Ärzten und Pflegedienstleitung die verantwortungsvolle Position anvertraut bekommen würde. Stattdessen wurde ihr eine junge Kraft von außen vorgezogen, die eine akademische Ausbildung aufweisen konnte. Hildegard erzählt: »Ich war zwar enttäuscht, wollte mich aber nicht auf Machtkämpfe einlassen, obwohl ich aufgrund meiner langen Klinikzugehörigkeit Interna kannte, mit denen ich durchaus hätte Druck machen können. Aber das ist überhaupt nicht meine Art und damals wusste ich ja auch noch nicht, was mir bevorstand. Das Wohl der Patienten und das Funktionieren der Station waren mir immer das Wichtigste.

Ich war völlig verzweifelt und habe um des lieben Friedens willen nun doch immer klein beigegeben. Sie hat mich dennoch weiter gepiesackt.

Mit der neuen Stationsleitung wehte jedoch ein anderer Wind. Sie muss mich von Anfang an als unliebsame Konkurrenz angesehen haben, denn sie ließ keine Gelegenheit aus, um mich in die Schranken zu weisen und zu demütigen. Ich wollte mich von ihr nicht völlig unterbuttern lassen und bot ihr zunächst Paroli, woraufhin sie sofort harte Geschütze auffuhr und mir sogar mit Kündigung drohte. Ich war völlig verzweifelt und habe um des lieben Friedens willen nun doch immer klein beigegeben. Sie hat mich dennoch weiter gepiesackt.

Wie Burnout entsteht – seelische Ursachen

Ich wurde immer öfter und länger von Migräne geplagt. Früher hatte ich das auch schon ab und an, mit etwas Schonung konnte ich meist trotzdem arbeiten. Natürlich nahm meine neue Vorgesetzte keinerlei Rücksicht darauf. Mir blieb nichts anderes übrig, als mich immer wieder tageweise krankschreiben zu lassen. Daraus wurde mir nun auch wieder ein Strick gedreht. Sie hat mir sogar bewusste Arbeitsverweigerung vorgeworfen. – Meine Arbeit war immer das Wichtigste für mich gewesen. Und jetzt konnte ich nicht mehr, fühlte mich völlig resigniert und erschöpft. Von meinem früheren Selbstbewusstsein war nichts mehr vorhanden. Selbst Schwesternhelferinnen, die früher niemals an meiner Kompetenz und Autorität gezweifelt hätten, fingen an zu sticheln und nutzten meine Schwäche aus. Ich fühlte mich wie ein gehetztes Tier, das zur Strecke gebracht werden soll.

Der finale Todesstoß kam dann von einer Seite, von der ich es am wenigsten erwartet hätte. Bei den Patienten war ich immer geachtet und beliebt gewesen. Aber auch hier sind mir vermutlich aufgrund meines Burnouts kleine Nachlässigkeiten unterlaufen. – Im Nachhinein sind mir diese Zusammenhänge klar geworden. Einmal habe ich vergessen, einem Privatpatienten ein angeordnetes Schmerzmittel zu geben; dieser beschwerte sich direkt bei der Geschäftsführung der Klinik. Ich wurde sofort dorthin beordert und zur Rechenschaft gezogen. Meine Vorgesetzte hat mich – wie nicht anders zu erwarten – nicht unterstützt, sondern im Gegenteil noch weitere angebliche Verfehlungen aufgezählt. Dieses Gespräch gab mir den Rest. Ich brach in Tränen aus und konnte nicht mehr aufhören zu weinen. Ich wurde nach Hause geschickt und mein Hausarzt schrieb mich erstmal für unbestimmte Zeit krank. Wie es weitergeht, weiß ich noch nicht; in die Klinik setze ich jedenfalls keinen Fuß mehr.«

> Und jetzt konnte ich nicht mehr, fühlte mich völlig resigniert und erschöpft. Von meinem früheren Selbstbewusstsein war nichts mehr vorhanden.

Resignation ist eines der Symptome der Phase 3 des Burnouts (siehe S. 26) zeigt also schon ein fortgeschrittenes Stadium an. Der Patient, um den es sich dann schon handelt, befindet sich in einem fatalen Teufelskreis. Je öfter er resigniert eine Sache aufgibt, desto mutloser wird er und desto wahrscheinlich ist es, dass er in der nächsten Situation wieder aufgibt, was ihn noch mutloser werden lässt.

TIPP

Resignation überwinden

Neben der adäquaten Behandlung der möglichen Ursachen des Burnouts sollte auch an der Resignation gearbeitet werden. Das heißt keineswegs, dass Sie mit aller Macht nun jeden Kampf ausfechten sollten. Kämpfen Sie nicht gegen Windmühlenflügel, weil Sie meinen, jeden Riesen bekämpfen zu müssen. Aber suchen Sie sich Situationen aus, in denen Sie sich Erfolgserlebnisse holen können und in denen Sie bestätigt werden. Sie sollten bedeutsam genug sein, dass Sie nicht um absolute Nichtigkeiten kämpfen müssen. Sie sollten auch nicht so bedeutsam sein, dass eine »Niederlage« Ihnen einen weiteren starken Dämpfer verpasst. Es sollte sich um eine Situation handeln, in der Sie vermutlich starke Verbündete haben oder die Sie ziemlich sicher gewinnen können, damit Sie daraus neues Selbstbewusstsein tanken können. Optimal wäre eine Betreuung durch einen Coach oder durch psychotherapeutische Unterstützung, die Sie bei diesem verhaltenstherapeutischen Ansatz anleitet.

Burnout hat meist viele Gründe

Sie sehen also: Burnout kann viele Ursachen haben. Meist handelt es sich um ein multikausales Geschehen. Es gibt also nicht eine einzige Ursache, sondern es müssen meist mindestens zwei oder mehrere Aspekte zusammenkommen, damit ein wirklich relevantes Burnout entsteht. In diesem Kapitel wurden einige dieser möglichen Mitverursacher aus dem psychosozialen Bereich betrachtet.

Wenn Sie unter Erschöpfung leiten, dann sollten Sie also sich folgende Fragen stellen:

- Wie trage ich selbst zu meinem Burnout bei?
- Wo beachte ich meine Grenzen nicht, sondern überschreite sie?
- Welche Faktoren führen dazu (eigene und äußere)?
- Kann ich diese Faktoren irgendwie beeinflussen?
- Kann ich mich selbst ändern?

Finden Sie sich in den oben beschriebenen Punkten wieder, dann sollten Sie daran arbeiten. Im nächsten Kapitel werden wir uns mit möglichen Lösungen beschäftigen.

Es ist unglaublich, wie viel Kraft die Seele dem Körper zu leihen vermag.
(Wilhelm von Humboldt, 1767–1835)

Raus aus der Erschöpfungsspirale

Genauso vielfältig wie die möglichen Ursachen für ein Burnout sind auch die Gegenmaßnahmen. Meistens spielen mehrere Faktoren zusammen – wenn Sie erkannt haben, welche das bei Ihnen sind, ist das schon der erste Schritt auf dem Weg zur Gesundung. Lernen Sie nun die Palette der Maßnahmen zur Bekämpfung und Vorbeugung von Burnout kennen.

So finden Sie Ihren Ausweg

Wollen Sie raus aus Ihrem Burnout? Lassen Sie uns schauen, wie das gehen könnte. Es gibt viele Maßnahmen, die Sie dabei unterstützen könnten, je nachdem welche individuellen Gründe Sie hineingetrieben haben.

Was tun in Burnoutphase 1?

Diese frühe Phase des Burnouts hat noch eine sehr gute Prognose. Wenn der Betroffene erkennt, was ihn in diese Phase hat kommen lassen, was ihn so aktiviert, dass er kaum noch zur Ruhe kommt, dann kann er gegensteuern. Er kann dies noch mit bordeigenen Mitteln bewerkstelligen und ist nicht auf fremde Hilfe angewiesen. Wenn er diese trotzdem bekommt, umso besser.

Befinden Sie sich in der Aktivierungsphase können Sie mit den in diesem Buchteil beschriebenen Methoden selbstständig gegensteuern. Mit den richtigen Einsichten, leicht veränderten Einstellungen, dem Schaffen ausreichender Regenerationsmöglichkeiten und dem adäquaten Umgang mit Genussmitteln ist hier noch relativ leicht Abhilfe zu schaffen. Ausreichend Bewegung und gelegentliche Entspannungsübungen bieten weiteren Schutz.

Glück – das heißt die Lebensform zu finden, die zu einem passt.
(Aristoteles, 384–322 v. Chr.)

Was tun in Burnoutphase 2?

In der Widerstandsphase sind wir schon einen Schritt weiter. Die Erschöpfung wird öfter, länger und intensiver wahrgenommen. Auch andere Körper- und Geistesfunktionen sind meist schon beeinträchtigt, wobei sich die Symptome bei jedem anders äußern können. Auch das seelische Erleben ist oft beeinträchtigt. Unzufriedenheit wächst, depressive und aggressive Phasen können auftreten oder sich kaum steuerbar abwechseln. Der Betroffene merkt, dass etwas nicht mehr stimmt und steuert so gut er kann dagegen – er leistet Widerstand. Die Therapieversuche sind aber oft nur oberflächlich, nicht geeignet, wirklich weiterzuhelfen, sondern kleistern das Problem noch zu.

Was tun in Burnoutphase 2?

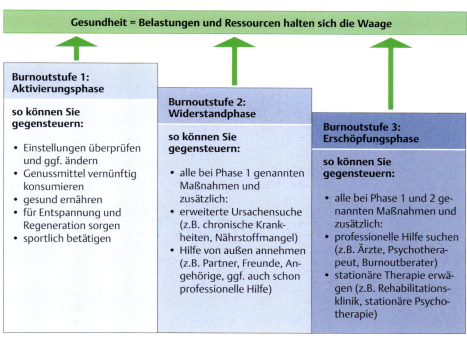

▲ In Burnoutphase 1 – der Aktivierungsphase – kann man meist noch mit bordeigenen Mitteln gegensteuern; befinden Sie sich in Phase 2, ist der Gesundungsprozess schon etwas langwieriger und zum Teil ist Hilfe nötig; wenn Sie in Phase 3 stecken und völlig ausgebrannt sind, brauchen Sie auf jeden Fall professionelle Hilfe.

Aus dieser Phase kommt man kaum noch allein heraus. Sie benötigen Hilfe von außen. Das kann noch der Partner, gute Freunde (nur wirklich gute Freunde sagen einem auch unangenehme Wahrheiten), der Hausarzt, ein Seelsorger oder ein Coach sein. Psychologen, Burnoutberater oder darin erfahrene Ärzte können natürlich auch schon weiterhelfen, sind aber in der zweiten Burnoutphase noch nicht zwingend erforderlich. Noch sind Hopfen und Malz nicht verloren! Daneben gilt natürlich das Gleiche wie für Phase 1: Schauen Sie, welche Faktoren, bei Ihrem Burnout eine Rolle spielen; analysieren Sie dazu auch noch einmal den Fragebogen (S. 29) und setzen dann, alle nötigen Veränderungen um. Auch mit Unterstützung sind letztlich Sie selbst es, die die krankmachenden Verhaltensweisen, Einstellungen und Ernährungsgewohnheiten etc. ändern müssen.

Was tun in Burnoutphase 3?

In der Erschöpfungsphase, der dritten und letzten Phase des Burnouts, ist ohne professionelle Hilfe kaum noch etwas zu machen. Hier bedarf es Ärzten, Psychologen oder erfahrenen Burnoutberatern, um einen Weg aus der Krise zu finden. Oft reicht eine ambulante Behandlung nicht mehr aus, sondern eine stationäre Maßnahme in einer auf Burnout spezialisierten Klinik ist vonnöten. Dort wird der Patient aus seinem normalen Umfeld herausgezogen. Er braucht sich um Dinge wie Essen kochen, Einkaufen oder Putzen erstmal nicht zu kümmern, was sehr entlastet. Durch Einzelgespräche kann er erarbeiten, welche individuellen Einstellungen und Verhaltensweisen ihn gerade in seinen persönlichen Burnout getrieben haben. In Gruppengesprächen erfährt er, dass er nicht allein ist, sondern dass es anderen ganz genauso geht – und er sieht, wie gut oder schlecht andere damit umgehen.

TIPP

Vorbeugen ist besser als Heilen

Es ist einfacher, das Kind daran zu hindern, in den Brunnen zu fallen als es wieder aus diesem herauszuholen. Füllen Sie den Fragebogen (siehe S. 29) aus. Erzielen Sie hier bereits hohe Werte? Wenn Sie ihn vor sechs Monaten schon einmal ausgefüllt haben: Sind die Werte vielleicht sogar noch angestiegen? Dann sollten Sie etwas unternehmen. Entwickeln Sie zunehmend Rückenschmerzen, Herzbeschwerden oder Verdauungsbeschwerden, der Orthopäde, der Kardiologe oder der Gastroenterologe findet aber nichts Organisches, dann kann das die Warnlampe sein, die Ihnen anzeigt, dass etwas nicht in Ordnung ist. Chronische Überforderung durch Beruf, Konflikte oder andere Belastungen kann eventuell der entscheidende Grund dafür sein. Merken Sie, dass Sie neben diesen möglicherweise psychosomatischen Beschwerden immer tiefer in die Erschöpfung rutschen, aus der Sie auch nach einem eigentlich entspannenden Wochenende oder Urlaub nicht so richtig herauskommen, dann sollten noch mehr Warnlampen bei Ihnen aufleuchten. Und sollten Sie gar merken, dass sich Ihre Gefühle und Ihr Verhalten gegenüber Angehörigen, Kollegen, Vorgesetzten oder Kunden verändert (zunehmende Gefühle von Resignation, Aggression oder Zynismus), dann sollten zusätzlich zu den Warnleuchten noch alle Alarmglocken klingen. Spätestens jetzt sollten Sie die Reißleine ziehen. Analysieren Sie, was falsch läuft. Haben Sie Möglichkeiten, die Umstände zu ändern? Wenn nicht, können Sie Ihre Einstellungen und Ihr Verhalten ändern? Holen Sie sich nötigenfalls Hilfe!

Er lernt, dass es möglich ist, aus dem Teufelskreis auszubrechen. Er muss aber auch erkennen, dass dies nicht von heute auf morgen geht, sondern dass er mit therapeutischer Begleitung die allerersten Schritte auf einem langen Weg geht. Auf diesem Weg erwarten ihn viele neue Erkenntnisse und Erfahrungen – schöne und weniger angenehme, aber immer hilfreiche und weiterführende. Und wenn alles gut läuft, weiß er am Ende des Weges, wie er weitergehen muss, um nicht wieder in die Spirale von zu viel und zu intensiver Arbeit und Erschöpfung zu gelangen, sondern sinnerfüllten und befriedigenden Tätigkeiten nachgehen kann.

Krankheit lässt den Wert der Gesundheit erkennen. (Heraklit, 550–480 v. Chr.)

Mögliche Erkrankungen erkennen und therapieren

Da verschiedene Erkrankungen ebenfalls Erschöpfungssymptome verursachen, die mit Burnout verwechselt werden oder zusätzlich zum Burnout Erkrankungen oder Mangelzustände bestehen können, sollten Sie, wenn Sie sich in Burnoutphase 2 oder 3 befinden, einen Arzt aufsuchen und die auf S. 51 beschriebenen Laboruntersuchungen durchführen lassen.

Beispiel: Schilddrüsenunterfunktion

Falls der Arzt bei Ihnen beispielsweise eine Schilddrüsenunterfunktion feststellt, lösen sich die vermeintlichen Burnoutsymptome möglicherweise in Wohlgefallen auf, sobald die Behandlung anschlägt (wie das folgende Beispiel zeigt). Wie schon auf S. 40 beschrieben, ist ein Messparameter, um eine Schilddrüsenunterfunktion festzustellen, der TSH-Wert, der zwischen 0,4–4 mU/l liegen sollte, wobei der optimale Bereich zwischen 1–2 mU/l ist. Ein TSH-Wert über 4 mU/l weist auf eine Unterfunktion hin, die durch die Einnahme von Thyroxin behoben werden sollte. Liegt der Wert zwischen 2–4 mU/l, also noch im normalen, aber nicht optimalen Bereich, mache ich es von den Symptomen abhängig, ob ich dem Patienten eine Einnahme des Schilddrüsenhormons anrate oder nicht. Wenn deutliche Symptome einer Unterfunktion auftreten, würde ich bereits einen TSH von 2,5 behandeln wollen.

Ralf

» Die Schilddrüse war schuld an der Erschöpfung

Ralf (54) wurde immer energieärmer. Er hatte keinen Antrieb mehr (seine Partnerin vermutete schon eine Depression) und er wurde auch noch immer dicker. Seine Freunde hänselten ihn bereits und meinten, er müsse mehr Sport treiben. Genau dazu – wie zu allem anderen auch – hatte er aber gar keine Lust. Als sein Abteilungsleiter seine nachlassende Arbeitsleistung kritisierte (er sei doch immer das Zugpferd in der Firma gewesen und nun nur noch ein lahmer Ackergaul), konnte sich Ralf endlich zu einem Arztbesuch aufraffen. Der Bluttest brachte es schnell an den Tag: Der TSH-Wert lag bei katastrophalen 9,5 mU/l (normal sind 0,4–4). Die Gabe von L-Thyroxin 50 führte zu einem TSH von 3,5 mU/l und einer deutlichen Verbesserung der Beschwerden. So richtig wohl fühlte Ralf sich aber immer noch nicht und auch das Gewicht wollte nicht weichen, auch wenn er immerhin nicht mehr zunahm. Ein Schilddrüsenspezialist machte ihm schließlich klar, dass die Normwerte zu weit gefasst sind. Der Optimalbereich liegt zwischen 1 und 2. Nach einer langsamen, stufenweise Steigerung des L-Thyroxins auf 100 µg lag der TSH bei 1,4 und Ralf war wieder ganz der Alte. Der Spezialist bestimmte auch die Schilddrüsenantikörper und deckte dabei eine Hashimoto-Thyreoiditis auf. Dabei bildet das Abwehrsystem Antikörper gegen die eigene Schilddrüse, die langsam, aber sicher zerstört wird. Er erklärte Ralf, dass er regelmäßig das TSH überprüfen lassen müsse (zunächst halbjährlich, bei stabilen Werten auch jährlich), damit bei einer weiteren Zerstörung die L-Thyroxingaben langsam nach oben angepasst werden können. Er gab außerdem Selen, weil dieses den Prozess der Schilddrüsenentzündung abzubremsen vermag.

> Als der TSH-Wert dann bei 1,4 lag, war Ralf wieder ganz der Alte.

Bei der ärztlichen Ursachenforschung sollte nicht nur nach Erkrankungen, sondern auch nach möglichen Mangelzuständen, beispielsweise einem Eisenmangel, gefahndet werden. Welche im ersten Buchteil beschriebenen Faktoren könnten bei Ihrer Erschöpfung eine Rolle spielen? Könnte Ihr Genussmittelkonsum ein Mitverursacher sein? Leiden Sie möglicherweise unter einer bisher unerkannten Nahrungsmittelunverträglichkeit? Oder sind es doch psychosoziale Faktoren, die Sie so erschöpfen? Schauen Sie noch einmal auf Ihre Fragebogenauswertung – welche Schwerpunkte haben sich dabei abgezeichnet?

Da jedes Burnout individuell ist und es meist mehrere Faktoren sind, die maßgeblich an der Erschöpfungsspirale mitwirken, gibt es kein Patentrezept, das für jeden gleichermaßen zutrifft, oder einen Stufenplan, den man einfach Schritt für Schritt abarbeitet. Mein Rat ist, sich aus den im

Folgenden genannten Vorschlägen und Behandlungsmethoden die rauszupicken, die Sie für sinnvoll und hilfreich erachten.

Setzen Sie das um, was Ihnen guttut und langfristig praktikabel ist.

Den Erfolg kontrollieren

Egal ob Sie die für Sie nötigen Änderungen Schritt für Schritt oder auf einmal umsetzen, ziehen Sie nach einer ausreichenden Zeitspanne, z. B. einem halben Jahr, Bilanz. Füllen Sie dann noch einmal den Fragebogen aus. Wo haben Sie schon etwas erreicht? Wo hapert es immer noch? Woran liegt es, dass Sie noch nicht so erfolgreich waren, wie Sie es sich erhofft hatten? Bedarf es noch weiterer Diagnostik? Dann suchen Sie sich die Ärzte, die Ihnen dabei weiterhelfen können.

Sie wissen eigentlich, was Sie an Ihrem Verhalten und Ihren Einstellungen ändern müssten, kommen aber nicht so richtig weiter. Dann suchen Sie sich professionelle Hilfe. Nehmen Sie eine solche schon in Anspruch? Dann wird vielleicht der falsche therapeutische Ansatz gewählt oder der Therapeut passt nicht zu Ihnen.

Achtung: Wechseln Sie auch nicht zu oft und zu schnell die Pferde! Möglicherweise arbeitet der Therapeut gerade an dem für Sie wichtigen Punkt und Sie leisten aber Widerstand dagegen. Dann wäre es falsch, genau jetzt die Therapie zu beenden.

Lesen Sie sich noch einmal die für Sie wichtigen Passagen durch. Was können Sie selbst verbessern? Lesen Sie sich auch die anderen Passagen noch einmal durch. Vielleicht sollten Sie doch einmal eine Entspannungstechnik erlernen. Wechseln Sie jedoch nicht zu häufig die Richtung, denn dann kommen Sie nicht ans Ziel. Wenn Sie auf einem lange beschrittenen, ausgetretenen Weg aber nicht mehr weiterkommen, dann sollten Sie offen genug sein, auch einmal neue Wege zu beschreiten. Sie haben nichts zu verlieren, Sie können nur gewinnen!

Naturheilkundliche Hilfen bei Burnout

In der Homöopathie gibt es nicht das Mittel gegen Erschöpfung. Vielmehr sollten die Symptome des Arzneimittels mit denen des Patienten möglichst zur Deckung gebracht werden. Ist dies der Fall, dann kann das gewählte Mittel das passende sein und eine deutliche Verbesserung bewirken.

»Kleine« homöopathische Mittel wie hier aufgeführt können Sie sich selbst besorgen und versuchsweise für einige Wochen einnehmen. In schwierigeren Fällen sollten Sie einen Homöopathen (Heilpraktiker oder Arzt mit der Zusatzbezeichnung »Homöopathie«) aufsuchen, der mit einer unter Umständen mehr als eine Stunde dauernden Befragung und Mittelfindung das individuell am besten passende Mittel herauszufinden versucht und dann – meist einmalig oder in wenigen Gaben als Hochpotenz – verordnet. Oft sind Folgekonsultationen erforderlich.

Homöopathische Mittel

Mit den folgenden Mitteln können Sie aber selbst schon einmal starten, wenn Sie sich hier klar wieder finden. Nehmen Sie dann jeweils in der Potenz D6 dreimal täglich eine Tablette oder zehn Tropfen ein. (Wenn eine Milchzuckerunverträglichkeit besteht, sollten Sie keine Tabletten einnehmen, da diese Laktose [Milchzucker] enthalten, und auf Tropfen oder Globuli zurückgreifen.)

Acidum phosphoricum (D6 3 × 1 Tabl.): Teilnahmslosigkeit, Konzentrationsschwäche, Schlaflosigkeit, aber auch Tagesschläfrigkeit, Kopfschmerzen, Gliederschwäche, Magendrücken, Blähungen, insgesamt große körperliche und geistige Schwäche, Verschlimmerung nachts, Verschlimmerung durch Kälte, Sinneseindrücke (Licht, Lärm), Besserung durch Wärme.

Heilpflanzen

Arsenicum album (D12 1 × 1 Tabl.): allgemeine Schwäche, Abmagerung, Appetitlosigkeit, Ekel vor dem Essen, Blässe, Unruhe, starke Angst, kalter Schweiß, juckende und brennende Haut, großer Durst, wegweisend sind Abmagerung, Angst, Durst, Brennen, Verschlimmerung um Mitternacht und durch Ruhe, Besserung durch Wärme.

China (D3 3 × 1 Tabl.): große allgemeine Schwäche, Erschöpfung und Schläfrigkeit, besonders bei Schwäche nach »Säfteverlusten« wie starkes Schwitzen, Durchfälle, Blutverluste (Operation), Appetitlosigkeit, Völlegefühl, Durchfälle nach der Mahlzeit, Ohrensausen, Schwindel, Verschlimmerung durch Kälte, Zugluft, Nässe, Berührung, Essen und nachts, Besserung durch Wärme.

Kalium phosphoricum (D4 3 × 1 Tabl.): unfähig zu geistiger Arbeit, Tagesschläfrigkeit, Apathie, aber auch Unruhe und Reizbarkeit, Angst, Depression, Gedächtnisschwäche, Muskelschwäche, Rückenschmerzen, Durchfall durch Nervosität, sexuelle Schwäche, Verschlimmerung gegen Morgen, durch geistige Anstrengung, durch Erregung und durch Kälte.

Phosphorus (D6 3 × 1 Tabl.): allgemeine Schwäche und Erschöpfung, besonders nach Infektionen, oft bei schlanken, hoch aufgeschossenen Menschen, Verlangen nach kalten Getränken, die nicht vertragen werden, muss ständig Kleinigkeiten essen, da der leere Magen schwächt, nervöse Übererregbarkeit, Überempfindlichkeit gegen äußere Eindrücke, Schreckhaftigkeit, Angst (Alleinsein, im Dunkeln), Depression, Kopfschmerz nach geistiger Anstrengung, wegweisend sind Gefühl von Brennen, Verschlechterung abends und nachts, durch Kälte und frische Luft, Besserung durch Ruhe und Schlaf.

Thea (D12 1 × 1 Tabl.): große Schwäche, besonders nach dem Essen, Unruhe, Herzklopfen, Zittern, besonders nach dem Trinken von zu viel Koffein (Cola, Kaffee, Tee), Verlangen, sich hinzulegen, Verschlechterung durch Essen, im Freien und nachts, Besserung durch Wärme und Alkohol.

Heilpflanzen

Es gibt zwei Heilpflanzen, die eine sogenannte adaptogene Wirkung haben. Das bedeutet, dass sie den Körper in die Lage versetzen, mit körperlichen und seelischen Anforderungen etwas besser umzugehen. Bei der einen Pflanze handelt es sich um die sibirische Taigawurzel Eleutherokokkus, z. B.

> **TIPP**
>
> **Kombinationsmittel**
>
> Manchmal findet man sich auch bei einem Einzelmittel nicht recht wieder, dann kann eine Therapie mit einem homöopathischen Kombinationsmittel, welches mehrere homöopathische Einzelmittel synergistisch vereint, oft gut helfen: z. B.
> - Aletris comp.-Heel Tabletten
> - China Homaccord S Tropfen
> - Nervodoron Tabletten
> - Passiflora Hevert Complex Tropfen
> - Zincum valerianicum Hevert N Tropfen

Eleutherokokk Kapseln, Eleutheroforce Tropfen. Die andere Pflanze ist der Ginseng, z. B. Ardeyaktiv Pastillen oder ein anderes gut (!) dosiertes Präparat aus Apotheke oder Reformhaus. Gerade bei Ginsengpräparaten gibt es enorme Qualitäts- und Preisunterschiede. Pflanzliche Heilmittel benötigen eine ausreichende Dosierung, um gut zu wirken.

Sowohl die homöopathischen als auch die pflanzlichen Arzneimittel sind als mögliche Ergänzung zu verstehen. Allein sind sie kaum in der Lage, ein ausgeprägtes Burnout zu beseitigen. Als Mosaiksteinchen in einem ganzheitlichen Puzzle können Sie jedoch die Effekte anderer Verfahren sinnvoll verstärken.

Aromatherapie

Gerüche können unser Wohlbefinden und unsere Stimmung deutlich beeinflussen. Der Geruchssinn hat starke Beziehungen zum vegetativen unwillkürlichen Nervensystem und zu sozialen Bindungen. Man sagt ja auch, man kann jemanden »nicht riechen«.

> ## INFO
> ### Wirkungen
> Hier einige Aromöle und Ihre Wirkungen:
> - Bergamotte: angstlösend, antidepressiv
> - Geranie: vegetativ ausgleichend, antidepressiv
> - Kardamom: stimmungsaufhellend, aphrodisierend
> - Lavendel: vegetativ ausgleichend, entspannend, schlafanregend
> - Mandarine: gibt Geborgenheit, schlafanregend
> - Melisse: vegetativ ausgleichend, beruhigend, schlafanregend
> - Neroli: angstlösend, antidepressiv, entspannend
> - Orange: aufhellend, belebend
> - Rose: stimmungsaufhellend, entspannend, auch bei erlittenem seelischen Schmerz
> - Vetiver: beruhigend, lässt uns innehalten

Nicht umsonst benutzen wir ein Deospray oder Parfüm, bevor wir uns in Gesellschaft anderer begeben.

Die Aromatherapie stellt ein eigenes Naturheilverfahren dar, welches der Pflanzenheilkunde nahe steht, da auch hier mit pflanzlichen Ausgangsstoffen gearbeitet wird. Im Unterschied zur üblichen Pflanzenheilkunde wird aber nicht mit pharmakologisch wirksamen Dosierungen gearbeitet, obwohl man z. B. beim Massieren oder Baden mit Aromaölen die eingesetzten Substanzen im Blut nachweisen kann. Der Haupteffekt läuft aber über die Reizung der Geruchsnerven und die Weiterleitung dieser Nervenimpulse ins Gehirn.

Duftlämpchen
Am häufigsten wird das Verdampfen von Aromaölen praktiziert. Besorgen Sie sich dazu ein kleines Duftlämpchen. Dieses wird mit etwas Wasser gefüllt, welches mit einem Teelicht erwärmt wird. In das Wasser träufeln Sie 5–10 Tropfen Aromöl – als Einzelöl, als Kombination mehrerer Einzelöle oder als fertige Kombinationsmischung.

Aromatherapie

Massageöl
Bei der Zubereitung eines Aromamassageöls nehmen Sie etwa 30 ml eines duftneutralen Öls, z. B. Jojoba- oder Mandelöl. Dieses mischen Sie mit fünf bis zehn Tropfen Aromaöl. Nun massieren Sie dieses Öl (oder besser noch: Lassen Sie sich massieren) in die Haut ein.

Badezusatz
Beim Badezusatz mischen Sie 15 Tropfen Aromaöl mit etwas Milch, Sahne oder Honig, geben diese Mischung ins Badewasser und verteilen sie.

INFO

Mischungen herstellen
Mischungen, die Sie sich selbst herstellen können:
- gute Laune: 2 Tropfen Melisse, 4 Tropfen Orange, 1 Tropfen Rose
- Anti-Stress: 2 Tropfen Geranie, 3 Tropfen Lavendel, 1 Tropfen Vetiver
- guter Schlaf: 3 Tropfen Melisse, 3 Tropfen Lavendel, 3 Tropfen Mandarine

Seien Sie kreativ! Entwickeln Sie Ihre eigenen Mischungen.

Ernährung und Genussmittel

In diesem Kapitel erfahren Sie, warum Snacks »für den kleinen Hunger zwischendurch« nur scheinbare Energielieferanten sind und warum eine vollwertige Ernährung gerade bei Burnout besser ist. Genussmittel sind nicht prinzipiell abzulehnen. Gerade bei Burnout sollten aber einige Regeln eingehalten werden, damit Genussmittel wirklich Genuss bereiten und das Burnout nicht weiter verstärken.

Der Schokokick hält nicht lange vor

Schokoriegel und andere Süßigkeiten (z. B. Schokolade, Mars, Snickers, Milchschnitte) enthalten viel Zucker. Dieser geht schnell ins Blut und bringt vorübergehend Energie. Solche »Energiespender« haben aber mehrere gravierende Nebenwirkungen:
- Sie enthalten viel Energie (meist mehrere hundert Kalorien pro 100 g), die rasch in Fett umgewandelt werden. Es droht Übergewicht.
- Sie enthalten relativ zum Energiegehalt wenige Vitamine und Mineralstoffe. Es droht eine Vitalstoffarmut (was das für den Menschen mit Burnout bedeutet, erfahren Sie weiter unten).
- Sie enthalten viel Zucker (meist in einer sehr klebrigen Form). Es droht Karies.
- Sie enthalten viel Fett (meist in Form gesättigter Fettsäuren). Es droht ein Anstieg der Triglyceride und des Cholesterins (langfristig Herzinfarkt- und Schlaganfallgefahr!).
- Sie enthalten viele Transfettsäuren (das sind bestimmte ungesättigte Fettsäuren, die im Körper natürlicherweise nicht vorkommen). Es drohen massive Steigerungen des Cholesterins (nach amerikanischen Studien stellen Transfettsäuren eine wesentlich höhere Gefahr für den Herzinfarkt dar als Cholesterin oder gesättigte Fettsäuren).
- Und das Wichtigste: Da sie zu einem massiven Blutzuckeranstieg führen, steuert der Körper mit einem starken Insulinanstieg gegen und es kommt rasch zu einer reaktiven Unterzuckerung mit erneutem Gefühl des Energiemangels, mangelnder körperlicher und intellektueller Leistungsfähigkeit und zu Heißhunger. Wenn man jetzt wieder zu einem Schokoriegel oder Ähnlichem greift, setzt sich ein Teufelskreis in Gang.

Was ist zu tun? Natürlich dürfen Sie (gelegentlich) einmal einen Schokoriegel verzehren, wenn Ihnen danach ist. Aber gerade Menschen mit Burnout sollten dies eher selten tun. Besonders dann nicht, wenn sie gerade erschöpft sind oder einen Hunger auf solche scheinbar energiespendende, in Wirklichkeit aber energieraubende »Dopingmittel« haben. Ein Stück Obst wäre dann hilfreicher, da dieses auch rasch verwertbaren Zucker, aber darüber hinaus noch wichtige Vitamine, Mineralien und Ballaststoffe enthält.

Essen Sie vollwertig

Vollwertige Kost enthält alle Nährstoffe, die Sie für Ihre Leistungsfähigkeit benötigen. Und das ist eben nicht nur Zucker, der zwar ein Strohfeuer entfacht, aber keine lang anhaltende Glut. Wir benötigen auch Vitamine, Mineralstoffe und Spurenelemente für eine physiologische und ökonomische Energiegewinnung.

Vollwertkost besteht zum großen Teil aus langsam resorbierbaren Kohlenhydraten in Form von Vollkornbrot, Vollkornreis, Vollkornnudeln, Frischkornbrei etc. Die Energie aus diesen Lebensmitteln schießt nicht ins Blut wie bei den Schokoriegeln. Sie strömt vielmehr langsam, aber dafür nachhaltiger. Es gibt hierunter kein spätvormittägliches Tief und auch keine Unterzuckerung mit Heißhunger.

Sollte doch einmal zwischendurch Hunger auftreten, so sind Sie mit einem Apfel, einer Karotte oder einer Reiswaffel viel besser bedient. Auch diese Lebensmittel bringen Energie, erzeugen aber keine reaktive Unterzuckerung. Zu den Hauptmahlzeiten viel Gemüse, zum Nachtisch Obst statt Pudding oder Kuchen. Das hilft langfristig bei Burnout. Schokoriegel begünstigen hingegen Burnout.

INFO

Vollwertkost »macht schlau«

Wen das noch nicht überzeugt, hier noch ein wissenschaftliches Experiment, welches die obigen Behauptungen untermauert: Versuchspersonen wurden zufallsmäßig in zwei Gruppen eingeteilt. Die eine Gruppe erhielt ein normales Frühstück mit Marmeladenbrötchen, gezuckertem Kaffee und Orangensaft. Die andere Gruppe erhielt ein Vollwertfrühstück mit Frischkornbrei oder Vollkornbrot sowie frischem Obst. Etwas später mussten sich beide Gruppen einem Intelligenztest unterziehen. Die Gruppe mit dem »normalen« Frühstück schnitt signifikant schlechter ab. Noch Fragen?

ERNÄHRUNG UND GENUSSMITTEL

Machen Sie einen Koffeinentzug!

Wenn mir jemand sagt »Ich mache alles, um meiner Erschöpfung Herr zu werden, aber auf meinen Kaffee möchte ich nicht verzichten«, dann vermute ich keine Abhängigkeit vom Koffein, dann bin ich mir dessen sicher. Jeder Mensch mit Burnout sollte einmal einen Koffeinentzugsversuch durchführen. Gerade wenn Sie glauben, es ohne Kaffee (Schwarztee etc.) nicht aushalten zu können, dann müssen Sie es versuchen.

Lassen Sie alle koffeinhaltigen Getränke einmal im Urlaub weg, wenn Sie sich eine noch schlimmere Schwächeperiode erlauben können. Wenn es Ihnen die ersten drei Tage richtig dreckig geht – wunderbar! Dann sind Sie nämlich auf dem richtigen Weg. Nach etwa einer Woche haben Sie den Entzug hinter sich und Sie fühlen sich so gut oder so schlecht wie vor Beginn des Versuchs. Dann aber geht es aufwärts und Sie werden langsam leistungsfähiger. Halten Sie vier Wochen durch und Sie werden die Symptome des Burnouts in etwas geringerer Intensität verspüren.

Wie viel Kaffee ist o.k.?

Versuchen Sie danach, Kaffee tatsächlich nur noch als Genussmittel zu trinken – missbrauchen Sie ihn aber nicht als Dopingmittel. Nichts spricht dagegen, einmal nachmittags zu einem Stück Kuchen eine aromatisch duftende Tasse Kaffee zu trinken. Genießen Sie auch ab und zu einen Espresso nach einem guten Essen beim Italiener. Warum denn nicht? Aber kein Genussmittel sollte täglich verzehrt werden. Trinken Sie beispielsweise an drei Tagen (nicht hintereinander) in der Woche koffeinhaltige Getränke, so bleibt deren stimulierende Wirkung erhalten. Es tritt keine Gewöhnung und auch keine Abhängigkeit ein. So sollte meines Erachtens jeder gesunde Mensch mit Koffein umgehen, der Mensch mit Burnout muss aber so damit umgehen, wenn er nicht immer tiefer in die Erschöpfung rutschen will. Bei dieser Empfehlung stoße ich bei meinen Patienten auf den größten Widerstand – erhalte nach erfolgreicher Umsetzung aber auch die meisten positiven Rückmeldungen.

Saskia

» Kaffee und Kopfschmerz

Saskia (26) ist eine attraktive Chefsekretärin. »Ja, erschöpft bin ich auch ein wenig«, erzählt sie, »aber das ist bei meinem stressigen Job auch nicht anders zu erwarten. Ich könnte zwar mehr Energie haben, aber das stört mich nicht sonderlich.« Sie hat eindeutig (noch) kein Burnout. Was sie in meine Ambulanz geführt hat, waren ihre Migräneanfälle, die sie immer häufiger ereilen. Sie neigte als Kind schon zu Kopfschmerzen, in der Pubertät und als junge Erwachsene wurde es aber immer mehr. Während anfangs noch eine Tablette Aspirin oder Paracetamol halfen, benötigt sie nun eines der neuen Migränemittel aus der Reihe der Triptane. Mittlerweile nimmt sie ein solches Triptan jeden zweiten bis dritten Tag. Ein solch häufiger Gebrauch eines Schmerzmittels wird von Schmerztherapeuten als sehr bedenklich angesehen, da Schmerzmittel nicht nur Kopfschmerzen beseitigen, sie können sie bei häufigem Gebrauch sogar erzeugen. In den nächsten Tagen nach Einnahme eines Schmerzmittels ist das Risiko für einen neuen Kopfschmerz höher, als wenn man keines genommen hätte. Man nennt dies einen schmerzmittelbedingten Kopfschmerz.

Ein Betablocker wurde ihr als Dauertherapie vorgeschlagen, da hierunter Kopfschmerzen manchmal weniger häufig auftreten. Saskia kann aber keinen Betablocker nehmen, weil sie ohnehin schon einen zu niedrigen Blutdruck hat, der durch eben diesen Betablocker ins Bodenlose absinken könnte. Gerade die Kombination Kopfschmerz, niedriger Blutdruck und Erschöpfung lässt mich aufhorchen. Ich frage sie nach ihrem Koffeinkonsum. »Nun, im Büro steht die Kaffeemaschine nicht still, ein Liter Kaffee wird es schon sein. Nach der Arbeit kommt noch der eine oder andere Capuccino dazu. Am Wochenende in der Disco trinke ich Cola und Energydrinks – dann kann ich die ganze Nacht durchtanzen.«

> Meinen Kaffee brauche ich. Ohne ihn komme ich doch gar nicht in die Gänge.

Als ich die Zusammenhänge zwischen Koffein und ihren Beschwerden erläutere und ihr einen Koffeinentzug nahelege, ernte ich jedoch alles andere als begeisterte Zustimmung. »Nein, das geht überhaupt nicht. Meinen Kaffee brauche ich. Ohne ihn komme ich doch gar nicht in die Gänge und hänge nur wie ein Schluck Wasser in der Kurve. Außerdem ist mein Blutdruck dann noch niedriger.« Saskia argumentiert vehement und präsentiert mir dann noch einen Trumpf: »Manchmal verschwinden gerade beginnende Kopfschmerzen sogar, wenn ich einen starken Kaffee trinke.« Doch ich ließ nicht locker, weil ich wusste, dass ich auf dem richtigen Weg war. Aufgrund ihres wirklich starken Leidensdrucks ließ sie sich schließlich doch darauf ein, an einem langen Wochenende auf Kaffee und alle anderen koffeinhaltigen Getränke zu verzichten. Wie erwartet ging es ihr richtig dreckig.

»Ich kam vor Müdigkeit und Kreislaufproblemen kaum aus dem Bett und der Kopf wollte fast zerspringen. Ich brauchte drei Tage lang täglich ein Triptan und wollte schon mit dem Entzug aufhören. Am vierten Tag ließ der Kopfschmerz allerdings nach. Nach einer Woche hatte ich überhaupt keine Kopfschmerzen mehr. Jetzt mache ich morgens Wechselduschen, um den Kreislauf anzuregen und trinke im Büro vor allem Mineralwasser oder Kräutertee. Meine Arbeitskollegen – die armen

Ernährung und Genussmittel

Kaffeejunkies – spotten, aber das ficht mich nicht an. Ich trinke nun höchstens jeden zweiten Tag etwas Koffeinhaltiges. Und ich habe tatsächlich – wie vorhergesagt – nur noch selten Kopfschmerzen, maximal einmal in der Woche und dann hilft auch die Aspirin meistens. Ein Triptan brauche ich ungefähr nur noch alle drei Monate. Was mich am meisten erstaunt ist, dass meine Kreislaufbeschwerden weniger geworden sind und ich wesentlich mehr Energie als vorher habe. Ich war offenbar doch schon ziemlich ausgepowert, aber mit dem vielen Kaffee habe ich das gar nicht richtig bemerkt. Wenn ich jetzt einen Latte macchiato trinke, dann ist das wieder ein echter Genuss und kein mechanisches Reinschütten.«

Bei ihrem letzten Kontrollbesuch – sie hatte (wie viele andere Kopfschmerzpatienten auch) einen Magnesium- und einen Zinkmangel, der behandelt und nach einigen Monaten kontrolliert wurde – fragte sie mich fast vorwurfsvoll: »Warum haben andere Ärzte mir das denn nicht schon früher gesagt?«

Es ist schon merkwürdig: Bei kaum einer anderen therapeutischen Maßnahme stoße ich so häufig auf Widerstand wie beim Koffeinentzug. Ich bringe Bewegungsmuffel dazu, Sport auszuüben, ich verschreibe Kranken (manchmal) hoch wirksame Medikamente, die nicht immer frei von Nebenwirkungen sind und die von den Patienten (hoffe ich jedenfalls) sogar geschluckt werden, und ich schaffe es manchmal sogar, dass Menschen eine Woche gar nichts essen (Heilfasten). Aber beim Kaffee beiße ich mir manchmal die Zähne aus. Je größer aber der Widerstand des Patienten ist, desto größer ist die Abhängigkeit und desto größer sind aber auch die Chancen, dass durch den Entzug eine entscheidende Besserung eintreten wird. Probieren Sie es doch einmal im Urlaub oder an einem langen Wochenende aus! Oder sind Sie schon so abhängig, dass Sie es gar nicht schaffen?

INFO

Achtung: Hier ist überall Koffein drin

- Kaffee (auch alle Varianten wie Capuccino, Espresso oder Latte macchiato)
- koffeinfreier Kaffee (bis zu 25 % des Koffeingehalts von Bohnenkaffee!)
- Cola (auch Light-Cola, koffeinfreie Cola enthält tatsächlich kein Koffein)
- Schwarztee (etwa halb so viel wie Kaffee)
- Grüntee (genau so viel wie Schwarztee)
- Mate-Tee
- Cola-Getränke
- Kakao (also auch Schokolade)
- »Energy-Drinks«
- Lebensmittel oder Getränke mir Guarana (eine koffeinhaltige Pflanze)

Alkohol sollten Sie nur selten genießen

Alkohol ist eine aus unserem Kulturkreis nicht mehr wegzudenkende legale Droge. In manchen Teilen der Welt ist Alkohol verboten, weil er für sehr schädlich gehalten wird. Als Genussmittel maßvoll eingesetzt kann Alkohol etwas sehr Angenehmes sein. Ein schönes kühles Bier an einem heißen Sommertag im Biergarten, ein Glas Rotwein an einem Abend in sinnlicher Zweisamkeit oder ein herber Likör nach einem schmackhaften Essen.

Es gibt natürlich auch mal Gelegenheiten, da bleibt es nicht bei einem Gläschen. Alkohol löst unsere Anspannung und unsere Zunge, was nicht immer nur vorteilhaft ist. Nach einem harten, stressigen Tag führt Alkohol aber zu einer wohligen Entspannung. In geselliger Runde verlieren wir unsere Hemmungen und werden kontaktfreudiger.

Problematisch wird es spätestens dann, wenn wir auf Alkohol als Krücke angewiesen sind, ohne den wir gar nicht entspannen oder uns gut unterhalten können. Dann beginnen wir die Grenze vom Genussmittel zum Suchtmittel zu überschreiten. Eine Abhängigkeit kann nämlich schon dann bestehen, wenn wir beim Weglassen noch gar keine Entzugserscheinungen entwickeln. Viele glauben nämlich, dass noch keine Abhängigkeit besteht, wenn sie beim Weglassen noch kein Zittern bekommen. Es kann schon längst eine psychische Abhängigkeit vorliegen, bevor sich eine physische Abhängigkeit entwickelt.

Alkohol allein reicht nicht aus, um Burnout zu erzeugen. Wenn aber noch andere Faktoren hinzukommen, dann kann Alkohol ein schon bestehendes Burnout verstärken. Alkoholische Kalorien werden auch als leere Kalorien bezeichnet. Das bedeutet, dass Alkohol zwar Energie liefert (ca. 7 kcal pro Gramm, also fast so viel wie Fett mit ca. 9 kcal). Diese Kalorien sind aber nicht mit lebensnotwendigen Nährstoffen wie Vitaminen und Mineralstoffen verbunden wie bei nahezu allen Lebensmitteln. Alkohol in größeren Mengen führt zu einem Verlust von Mineralien wie Kalium, Magnesium und Zink sowie fast allen B-Vitaminen. All diese Stoffe benötigen wir aber für unse-

> ### TIPP
>
> **Besteht bereits eine Abhängigkeit?**
>
> Wenn jemand »richtige« Probleme mit Alkohol hat, d. h. er merkt, dass es ihm gar nicht so leicht fällt, auf Alkohol zu verzichten, dann sollte er sich unbedingt Hilfe suchen. Es müssen gar nicht einmal die körperlichen Entzugssymptome sein, die eine Abhängigkeit beweisen. Wenn jemand beispielsweise merkt, dass seine Gedanken oft um Alkohol kreisen, dann ist das schon bedenklich. Ärzte, Psychologen, Suchtbeauftragte in Betrieben oder Organisationen wie die Anonymen Alkoholiker oder das Blaue Kreuz können weiterhelfen.

ren Stoffwechsel, auch und gerade für die Energiegewinnung. Also: Genuss ja, Droge nein! Lernen Sie, alkoholische Getränke wieder als Genussmittel zu gebrauchen.

Rauchen – nein danke!

Die Nachteile des Rauchens wurden auf S. 55 bereits ausführlich dargestellt. Der Energieverlust, der durch das Rauchen entsteht, kann also sehr wohl zum Burnout beitragen. Raucher haben es ja etwas leichter, schlank zu werden bzw. zu bleiben. Das hängt mit dem durch das Rauchen erhöhten Stoffwechsel zusammen. Der Körper benötigt nämlich viel Energie, um die ganzen Schadstoffe zu entgiften. Die von den meisten Exrauchern gefürchtete Gewichtszunahme ist also eher ein Zeichen von Gesundung durch Ökonomisierung des Stoffwechsels. Die Entgiftung der schädlichen Substanzen im Zigarettenrauch verbraucht auch zahlreiche Nährstoffe wie etwa Zink und antioxidative Substanzen wie Vitamin C, E oder Beta-Carotin. Diese Verluste tragen auch zum Burnout bei.

Vorzeitige Hautalterung

Zwei wichtige Argumente für das Nichtrauchen will ich hier noch nennen. Vielleicht sind diese beiden Argumente noch überzeugender als die Aussicht, vor Herzinfarkt und Krebs geschützt zu werden oder weniger stark an Burnout zu leiden. Warum sollten Frauen auf das Rauchen verzichten? Das Rauchen schädigt die Haut – unter anderem weil Rauchen ein so starker Vitamin-C-Räuber ist. Vitamin C wird aber für die Kollagenbildung in der Haut dringend benötigt. Ein weiterer Faktor verstärkt die schädliche Wirkung des Rauchens auf die Haut, nämlich die UV-Strahlung. Schauen Sie sich doch einmal rauchende Frauen an, die im Urlaub stundenlang am Strand liegen und sich grillen lassen (die Sonnenbank hat übrigens denselben Effekt). Diese Frauen haben eine sehr faltige Haut und wirken um Jahre vorgealtert. So viel Kollagen kann man bzw. frau sich gar nicht in Form von Hautcremes ins Gesicht schmieren, wie durch das Rauchen geschädigt wird. Also, liebe Frauen: Fluppe weg und attraktiv bleiben!

Erektile Dysfunktion

Warum sollte man(n) dem blauen Dunst abschwören? Rauchen führt zur Beeinträchtigung der Durchblutung. Kurzfristig führt Nikotin zu einer Gefäßverengung durch erhöhte Anspannung der Gefäßmuskulatur, langfristig werden die Gefäße durch Verkalkung verengt. Diese Prozesse finden in den Gefäßen aller Organe statt – im Herzen, im Gehirn und auch im Penis. Mangelnde Standhaftigkeit oder medizinisch ausgedrückt, die erektile Dysfunktion, ist bei rauchenden Männern viel häufiger als bei den Nichtrauchern anzutreffen.

> ## TIPP
> ### Was hilft beim Aufhören?
> Viele möchten das Rauchen beenden, können es aber nicht – oder glauben das zumindest. Doch jeder kann es schaffen. Millionen haben das schon erfolgreich bewiesen. Es gibt dabei nicht den einen Weg, der zuverlässig und sicher zum Ziel führt. Es gibt schließlich viele Wege, die nach Rom führen. Die einen schaffen es, indem sie von heute auf morgen aufhören. Manche bekommen Entzugssymptome wie Schwitzen, Hunger und Reizbarkeit, andere merken gar nichts außer dem Verlangen nach ihrer gewohnten Zigarette. Sie möchten irgendetwas in der Hand oder im Mund haben. Hier sind einige Verfahren, die weiterhelfen können:
> - Akupunktur
> - Hypnose
> - Sport
> - Gruppenpsychotherapie
> - Entspannungsverfahren wie Autogenes Training oder Yoga
> - Nikotinpflaster oder -kaugummis
> - nikotinfreie Kräuterzigaretten
> - Pharmaka, die den Entzug erleichtern sollen
> - Ratgeber wie Allen Carrs »Easy Way«

Wenn Ihnen als Mann also eine Zigarette angeboten wird, dann bleiben Sie standhaft – in jeder Beziehung.

Belohnen Sie sich!

Da das Rauchen das Belohnungszentrum im Gehirn stimuliert und dieses natürlich frustriert ist, wenn es nicht mehr dauernd belohnt wird, sollte man sich andere Belohnungen schaffen. Das können kleine Belohnungen sein, gerade in den ersten Tagen nach dem letzten Zug. Ein Kinobesuch schafft Ablenkung. Ein Eis oder ein Stück Kuchen befriedigt das orale Bedürfnis – eine gewisse Gewichtszunahme ist bei der Raucherentwöhnung in Kauf zu nehmen. Dieser Gewichtszunahme kann durch mehr Sport entgegengewirkt werden. Nach einer Woche ist – wie beim Kaffee – der Spuk vorbei, zumindest was die körperlichen Entzugssymptome betrifft. Wenn man diese Woche geschafft hat, sollte man sich eine größere Belohnung gönnen, die man sich selbst vorher versprochen hat, z.B. ein schönes Essen in einem guten Restaurant oder die neue Bluse, die frau sich schon lange gewünscht hat. Nach einer Woche ist also das Gröbste überstanden.

Aber der Exraucher hat es dann noch nicht geschafft. Es ist wie beim Alkoholiker: einmal Alkoholiker, immer Alkoholiker. Das erste Glas und man ist wieder auf Droge. Die erste Zigarette und alles geht wieder von vorne los. Der Exraucher sollte sich also auch noch eine große Belohnung gönnen, wenn er ein Jahr lang nicht geraucht hat. Eine tolle Urlaubsreise sollte dann schon drin sein. Der Exraucher hat in dem Jahr auch eine ganze Stange Geld gespart.

Wer es ein Jahr lang geschafft hat, der hat gute Chancen, dass er dauerhaft die Finger vom Glimmstengel lässt. Eine hundertprozentige Sicherheit gibt es allerdings ist. Fast alle Exraucher bemerken sehr positiv, dass sie mehr Luft bekommen, besser die Treppenstufen bewältigen können und sich insgesamt viel leistungsfähiger fühlen. Probieren Sie es aus!

Bewegen, entspannen und regenerieren

Sich richtig ernähren, fast alle Genussmittel weglassen – das ist ja schon schlimm genug. Und jetzt komme ich daher und sage dem Menschen mit Burnout, er soll sich auch noch sportlich betätigen. Genau das kann er doch nicht, dafür hat er doch gar keine Energie mehr. Wenn jemand mit Burnout von seiner Arbeit nach Hause kommt, dann fällt er in den Sessel und möchte nur noch seine Ruhe haben. Und jetzt soll man sich noch einmal aufraffen und in Schwung bringen?

Betreiben Sie regelmäßig Ausdauersport

Was passiert mit den Muskeln und dem Lunge-Herz-Kreislauf-System, wenn sich jemand nicht oder kaum körperlich belastet? Alles, was nicht ständig trainiert wird, verkümmert. Das gilt für unsere Knochen, für unser Immunsystem, für unseren Verstand – und natürlich auch für Muskeln, Lunge, Herz und Kreislauf. »Bewegungsmuffel« werden immer schwächer. Und weil sie immer schwächer werden, bewegen sie sich immer weniger. Der Teufelskreis schließt sich. Sie haben nur eine Möglichkeit, aus diesem fatalen Teufelskreis herauszukommen: Bewegen Sie sich!

Wenn wir jedem Individuum das richtige Maß an Nahrung und Bewegung zukommen lassen könnten, so hätten wir den sichersten Weg zur Gesundheit gefunden.

(Hippokrates, Arzt, 460–377 v.Chr.)

Auch wenn es beim Burnout schwer fällt, aber gerade dann müssen Sie sich bewegen. Das heißt ja nicht, dass Sie jeden Tag

> ## TIPP
>
> ### Ausdauerregeln
>
> An Ausdauerbelastungen stellen wir drei Anforderungen:
> - Es soll regelmäßig und häufig genug stattfinden, z. B. 3 ×/Woche.
> - Es muss mindestens 20 Minuten, besser 30 oder 40 Minuten dauern, damit man in den Bereich der Ausdauerleistung hineinkommt.
> - Es soll moderat sein. Sie sollten nicht völlig außer Puste geraten, sondern nur leicht angestrengt.
>
> Diese Ausdauerregeln gelten im Prinzip für den Ausdauerleistungssportler genauso wie für den Patienten mit Burnout. Wenn Sie nach Ihrer Belastung den halben Tag wie ein Schluck Wasser in der Kurve hängen, dann war es zu viel. Wenn Sie sich hingegen etwas, aber nicht unangenehm erschöpft fühlen, dann liegen Sie richtig. Finden Sie selbst die Bewegungsintensität, -dauer und -häufigkeit heraus, die Ihnen gerade noch genehm ist.

einen Marathonlauf absolvieren müssen. Sie sollten sich aber mehrmals (mind. 2–3×) in der Woche körperlich ausdauernd belasten, sodass Sie sich leicht angestrengt, aber nicht überfordert fühlen.

Günstige Sportarten

Auch bei den Ausdauersportarten können Sie frei wählen. Alle Sportarten, die Sie über 20 Minuten am Stück ausführen können, sind geeignet:
- Spazierengehen
- Walking, Nordic Walking
- Jogging
- Schwimmen
- Fahrradfahren, Ergometertraining
- Rudern
- Inlineskating etc.

Sie werden merken, dass Sie sich nach der Belastung und der anschließenden Dusche (vielleicht sogar mit einem kurzen, kalten Duschen am Ende nach Kneipp) meist besser fühlen als vorher. Bleiben Sie mindestens drei Monate »am Ball«. Dann werden Sie feststellen, dass Ihnen etwas fehlt, wenn Sie sich nicht körperlich betätigen. Sie werden dann auch bemerken, dass erste Trainingseffekte eingesetzt haben. Dieselbe Strecke wie am Anfang bewältigen Sie nun in kürzerer Zeit oder (bei gleicher Zeit) mit weniger Anstrengung. Nicht trotz, sondern wegen des Burnouts sollten Sie sich körperlich angemessen (!) belasten. Überwinden Sie Ihren »inneren Schweinehund«, es lohnt sich!

Nichts kann so sehr Lebenskraft bewahren, stärken oder zurückerwerben wie die Kunst des Maßhaltens, der tägliche Genuss reiner und frischer Luft, einfache Nahrung und ständige Übung der Kräfte.
(Christoph Wilhelm Hufeland, Arzt, 1762–1836)

Pausen machen

Wie ist es mit Ihrer Anspannung und Entspannung? Wie viel Prozent des Tages stehen Sie »unter Strom« und wie viel widmen Sie der Entspannung? Stress und Regeneration sollten sich abwechseln – denken Sie an den Steinzeitjäger, der sich nach der aufregenden Jagd erstmal den Bauch vollschlägt und ausruht (siehe S. 22), statt sofort wieder auf die Jagd zu gehen. Auch wir zivilisierten Menschen unterliegen biologischen Rhythmen und sollten nach Anspannung auch Entspannung folgen lassen:

Niemand kann mehrere Stunden auf gleich hohem Niveau geistig und körperlich arbeiten. Nach etwa einer Stunde sollten Sie also eine kleine Pause von wenigen Minuten einlegen. Die Raucher machen das automatisch, wenn Sie sich ihre Raucherpause können. Wenn nicht das Rauchen einen zusätzlichen Stress für den Körper und nicht nur eine scheinbare Entspannung darstellen würde, wäre das sogar etwas Gutes. Also: Essen Sie einen Apfel, machen Sie ein paar Dehnungsübungen vor dem Laptop oder gehen Sie wenigstens auf die Toilette. Gönnen Sie Ihrem Körper eine kleine Auszeit. Die fünf Minuten holen Sie rasch wieder auf, da Sie anschließend wieder viel fitter sind.

Überstunden ausgleichen

Haben Sie einen Achtstundentag? Oder einen Zwölf- oder gar Sechzehnstundentag? Natürlich kann mal die eine oder ande-

TIPP

Gönnen Sie sich eine Stunde Mittagspause

Der Achtstundentag sollte eine größere Pause in der Mitte aufweisen, d. h. eine Halbzeitpause. Nehmen Sie sich eine halbe Stunde Zeit für ein Mittagessen in Ruhe. Das Mittagessen sollte dann aber nicht als »Arbeitsessen« missbraucht werden, bei dem mit Kollegen weitere Problemlösungen erarbeitet werden. Beim Essen haben berufliche Dinge und belastende private Dinge nichts zu suchen – das gilt an der Arbeit genauso wie zu Hause. Wenn es irgend möglich ist, dann machen Sie danach noch eine halbe Stunde Pause und nutzen Sie diese für einen Spaziergang oder ähnlich Entspannendes. Viele Menschen mit Burnout glauben nicht, dass sie sich eine halbe oder – welcher Luxus! – gar eine Stunde Mittagspause leisten können. Oft wird dann, während weitergearbeitet wird, ein Brot mit einer Tasse Kaffee heruntergeschlungen. Dabei wird aber keine Zeit eingespart, sondern nur die Verdauung ruiniert. Nach einer richtigen (!) Pause sind Sie erholter und holen die investierte Zeit wieder rein.

re Überstunde anfallen. Möglicherweise muss man bei manchen Jobs auch mal abends oder am Wochenende noch etwas tun. Aber bekommen Sie dafür einen Ausgleich? In Form eines Freizeitausgleichs oder in Form von Geld? Wissen Sie, dass es Jobs gibt, in denen jede Überstunde aufgeschrieben und ausgeglichen wird? Wenn es bei Ihnen nicht möglich ist, warum nicht? Haben Sie eine so schlechte Arbeitnehmervertretung? Sind Sie in der Hierarchie so weit aufgestiegen, dass Selbstausbeutung erwartet wird? Wenn Sie aber schon so weit oben sind, können Sie vielleicht auch einen Schritt zurückgehen und eine Stundenreduzierung vereinbaren. Wenn Sie von Burnout gefährdet oder gar betroffen sind, geht es auch um die Frage, ob Sie irgendwann vielleicht gar nicht mehr zur Verfügung stehen – nicht weil Sie nicht wollen, sondern weil Sie nicht mehr können. Oder sind Sie gar selbstständig und unterliegen daher »natürlich« der Selbstausbeutung? Auch hier stellt sich die Frage, wie lange Sie Ihren jetzigen Arbeitsstil noch aufrechterhalten können. Weniger kann mehr sein, wenn es dafür länger geht. Wenn Sie es irgendwie in der Hand haben, dann schaffen Sie sich Ihren eigenen Ausgleich.

Freizeit und Urlaub zur Regeneration nutzen

Gehört das Wochenende Ihnen oder der Arbeit? Wenn Sie an vielen Wochenenden oder Feiertagen arbeiten, gönnen Sie sich dann auch mal Ausgleichstage? Wenn Sie über viele Jahre fit bleiben wollen, dann sollten Sie das tun. Außerdem sollten die Mehrzahl der Wochenend- und Feiertage wirklich Ihnen und Ihrer Regeneration gehören. Wie gestalten Sie Ihre Freizeit überwiegend? Mit dem Studieren von Fachliteratur? Haben Sie aufwändige Hobbys? Ein Hobby kann Entspannung und Erholung bringen, es kann aber auch einen richtigen Stress darstellen. Tun Sie am Wochenende auch oft etwas, was nur Ihnen und Ihrem Vergnügen gewidmet ist? Dass wir am siebten Tag ruhen sollen, hat nicht nur mit dem Christentum zu tun, sondern hängt auch mit der Biologie des Menschen zusammen. Viele biologische Rhythmen (z. B. Trainingseffekte, Heilungsverläufe) verlaufen in Sieben-Tages-Zyklen. Am siebten Tag zu ruhen ist also nicht nur eine gesellschaftliche Übereinkunft oder ein religiöses Gebot, sondern findet auch seine biologische Begründung. Wenn wir aber andauernd gegen biologische Rhythmen und Gesetze verstoßen, so bleibt dies auf lange Zeit nicht ungestraft.

Machen Sie regelmäßig Urlaub?

Viele Patienten mit Burnout hatten seit Jahren keinen richtigen Urlaub mehr. Und wenn, dann nur wenige Tage, um wichtige Privattermine (z. B. Hochzeit von Freunden, Trauerfall in der Familie) wahrzunehmen oder an Kongressen oder Ausstellungen teilzunehmen. Ein richtiger

Urlaub sollte mindestens zwei, besser drei oder vier Wochen dauern und dann auch überwiegend der Regeneration gewidmet sein. Eine vierzehntägige Rundreise durch die USA mag zwar aufregend und interessant sein, ist aber wegen der Zeitumstellung und der häufigen Ortswechsel nicht gerade besonders erholsam. Sie müssen nicht unbedingt vier Wochen untätig am Strand liegen. Ein harmonischer Wechsel zwischen moderaten Anforderungen (z. B. Sport treiben) und Erholung (z. B. nicht nur Fachliteratur, sondern auch einmal etwas Belletristisches lesen) sollte schon sein. Wie fühlen Sie sich nach dem Urlaub? Haben Sie wieder Energie? Spüren Sie, wie Ihre Schaffenskraft und Ihre Kreativität wiedergekommen sind? Wenn das nicht der Fall ist, dann stimmt etwas nicht. Entweder war der Urlaub nicht besonders erholsam und Sie müssen ihn anders planen oder Sie stecken schon so tief im Burnout, dass ein Urlaub für eine Regeneration nicht mehr ausreicht.

»Tue Deinem Körper etwas Gutes, damit Deine Seele gern in ihm wohnt.«
(Teresa von Avila, Mystikerin und Heilige, 1515–1582)

Freizeit – frei wofür?

Wofür nutzen wir unsere Freizeit? Über wie viel Zeit verfügen wir tatsächlich in freier Entscheidung? Oder ist diese Zeit mit Vereinstätigkeit, Shopping (kann Spaß machen, aber auch stressig sein) oder vermeintlich oder tatsächlich notwendigen Verwandtenbesuchen oder gesellschaftlichen Verpflichtungen angefüllt? So wie Sie im Berufsleben nicht ohne eine gewisse Planung auskommen, so sollten wir es auch im Privatleben handhaben. Damit wir uns nicht falsch verstehen: Stellen Sie bitte keinen bis in die letzte Minute ausgefeilten Stundenplan für Ihre Freizeit auf. Aber gewisse Dinge, die Ihnen wichtig sind, sollten schon Platz finden. Bringen Sie dreimal in der Woche eine Stunde für Sport, Sauna und/oder Entspannungsübungen auf? Wie viel Zeit verschwenden Sie mit niveaulosen Fernsehsendungen, statt Ihre Freizeit aktiv selbst zu gestalten (diese aktive Gestaltung kann auch so aussehen, dass Sie mal um 22 Uhr ins Bett gehen, ohne die ohnehin langweilige Talkshow zu Ende zu sehen, weil Sie gerade nichts Besseres zu tun haben).

Bewegen, entspannen und regenerieren

Nimm Dir Zeit, um glücklich zu sein. Zeit ist keine Schnellstraße zwischen Wiege und Grab, sondern Platz zum Parken in der Sonne. (Phil Bosmans, belgischer Ordenspriester, *1922)

Wie viel Ihrer Freizeit verwenden Sie für das, was Sie wirklich wollen und was Ihnen richtig Spaß macht? Machen Sie sich bewusst, was Ihnen wirklich wichtig ist. Was hält Sie davon ab?

Claudia

» Ein Wochenende in Hamburg

Claudia (28) ist beruflich stark angespannt. Am Wochenende will auch noch ihre verwitwete und depressive Mutter unterhalten und getröstet werden. Einerseits macht sie dies gern, weil sie ihre Mutter liebt, andererseits würde sie die Zeit auch gern anders nutzen, traut sich aber nicht, es ihrer Mutter zu sagen, um diese nicht zu kränken. Eines Tages fasst sie einen Entschluss. Sie besorgt sich eine ICE-Fahrkarte für sich und ihre Mutter, bucht ein Hotelwochenende in Hamburg und lädt ihre Mutter, von der sie weiß, dass sie Udo-Jürgens-Fan ist, in das Musical »Ich war noch niemals in New York« ein. Auf der Bahnfahrt teilt sie ihrer Mutter mit, dass sie für dieses Wochenende nur eine einzige Bedingung stellt: Sie möchte nichts Negatives hören. Beide genießen das Musical, eine Hafenrundfahrt und das Abendessen in einem guten Fischrestaurant. Sie sprechen natürlich auch über Claudias Vater, aber nur über die schönen Erlebnisse, die sie gemeinsam hatten. Claudia beginnt die nächste Woche erholt und erfrischt. Claudias Mutter hat erkannt, dass es auch noch schöne Dinge im Leben gibt. Sie weiß, dass sie immer mit ihren Problemen zu ihrer Tochter kommen kann, aber dass sie sie nicht ständig mit ihrer Trauer belasten sollte. Sie geht einige Wochen später ins Reisebüro, um sich bei ihrer Tochter mit einem Relaxwochenende in einem Kurhotel im Allgäu zu revanchieren.

Haustiere als Burnoutschutz

Ein Haustier kann sehr entlastend wirken. Das kann der Stubentiger sein, der beruhigend und ausgleichend wirkt. Ein gereizter, gehetzter Mensch kann sich kaum dem beruhigenden Schnurren seiner Katze auf dem Schoß entziehen. Und der erschöpfte, zu keiner körperlichen Betätigung mehr fähige Hundehalter wird dem Schwanzwedeln seines vierbeinigen Freundes, der in den Wald will, kaum widerstehen können. Nach einem solchen Spaziergang mit einem fröhlich spielenden Hund fühlt sich jeder ein Stückchen besser. Und man war an der frischen Luft.

Warum Schlapplachen bei Burnout hilft

Burnout ist doch eine ernste Angelegenheit. Da hat man doch nichts zu lachen. Nun ist keine Krankheit – ob Grippe oder Krebs – besonders lustig. Es gibt aber keine Krankheit, die durch Lachen schlimmer würde. Im Gegenteil führen Lächeln, Schmunzeln oder herzhaftes Lachen praktisch immer zu einer Besserung. Die Auswirkungen von Humor sind mittlerweile sogar wissenschaftlich erforscht und untermauert. Humor führt nachweislich u. a. zu:
- Stressreduktion
- Stimmungsaufhellung
- Immunsteigerung
- Konfliktentschärfung
- verbesserter Sauerstoffaufnahme
- verbesserter Kommunikation
- erhöhter Motivation

Es gibt inzwischen in vielen Ländern und Städten regelrechte Lachclubs. Es mag zunächst merkwürdig anmuten, wenn mehrere ernsthafte Menschen sich eines künstlichen Lachens befleißigen. Selbst dieses Lachen hat aber die gleichen physiologischen Auswirkungen (z. B. tiefere Atmung, erhöhte Muskeltätigkeit, Glückshormonfreisetzung) wie ein natürliches Lachen. Da Lachen aber ansteckend ist, geht dieses künstliche Lachen rasch in ein natürliches, willkürlich kaum mehr zu beeinflussendes Lachen über. Die Teilnehmer fühlen sich danach befreit, erleichtert und geradezu energetisiert. Lachen wirkt vielen Symptomen des Burnouts entgegen und ist ein geradezu perfektes Heilmittel gegen Burnout (auch wenn man sich davon natürlich keine alleinige Heilung erwarten darf).

Lassen Sie Humor zu!

Weichen Sie Möglichkeiten nicht aus, wo Sie lustig sein dürfen! Wenn Sie aufgrund Ihrer Erschöpfung zu aktiven Späßen nicht fähig sind (was verständlich ist), dann wehren Sie Späße aber nicht ab! Lachen Sie, nutzen Sie jede Situation, fröhlich zu sein – nicht trotz Ihres Burnouts, sondern gerade deswegen!
- Es gibt viele lustige Bücher, Komödien, Spielfilme. Wenn Sie sich schon passiv unterhalten lassen, dann lieber so als durch »schwere Kost«.
- Entdecken Sie komische Situationen im Alltag. Wenn man darauf achtet, wird man beim Essen im Restaurant oder bei der Bahnfahrt fast immer irgendwo fündig.
- Versuchen Sie, wo immer Sie können, Situationen durch lustige Bemerkungen aufzulockern. Das kann im persönlichen Kundengespräch sein oder auch durch Einbauen eines Cartoons in einer Powerpointpräsentation. Sie werden fast immer positive Rückmeldungen erhalten. Warnung: Werden Sie dabei nicht flapsig (sich über die schreckliche Krawatte des Chefs lustig zu machen, findet dieser nicht immer lustig), machen Sie keine Späße auf Kosten anderer (Schadenfreude ist keine gute Freude) und

vermeide Sie erzwungenen und aufgesetzten Humor (das bewirkt dann eher das Gegenteil).

Die Medizin, gerade auch die Psychotherapie krankt (im wahrsten Sinne des Wortes) immer noch daran, dass sie relativ humorlos ist. Es gilt immer noch das Vorurteil, dass man etwas nicht ernst nimmt, wenn man darüber lacht. Nichts ist falscher als das! Wenn ich über etwas lache, wird dadurch das Problem vielleicht nicht gelöst, aber ich relativiere meine Einstellung zu dem Problem. Ich kann es immer noch ernst nehmen, ich weigere mich aber, dass das Problem mein ganzes Leben (negativ) beeinflusst.

Ich habe Krebspatienten im Finalstadium kennen gelernt, die glücklicher und lustiger waren als der durchschnittliche Diabetiker in einer Stoffwechselklinik oder der leidende Neurotiker in der psychosomatischen Klinik – und es war kein zynischer Galgenhumor, sondern eine ehrliche, lustige Gelassenheit von schwerkranken Patienten, die angesichts des Todes ihren Frieden mit sich, der Krankheit und der Umwelt gemacht haben.

Wer zu Krankheit und Humor mehr wissen möchte, dem sei der Film »Patch Adams« mit Robin Williams ans Herz gelegt.

Zwei Mütter unterhalten sich über ihre Kinder. Sagt die eine: »Mein Sohn hat jetzt angefangen zu meditieren.« Erwidert die andere: »Na, immer noch besser, als wenn er gar nichts tut.«

Entspannungsverfahren – weit mehr als bloßes Nichtstun

Ist dieser Witz nicht eine passende Überleitung vom Humor zu den Entspannungsverfahren? Wir lachen über diesen Witz, weil wir meinen, dass Entspannungsverfahren eigentlich Nichtstun bedeuten. Nichts ist jedoch falscher als das. Entspannungsverfahren sind im Gegenteil etwas höchst Aktives. Bei einem Autogenen Training oder einer Phantasiereise einzuschlafen, mag zwar aufzeigen, wie entspannend das Verfahren gewirkt hat, aber eigentlich ist dies nicht erwünscht. Gefordert ist vielmehr eine konzentrative Entspannung, die ganz anders als ein normales Ruhen oder Schlafen den Stresspegel herunterzufahren und die Batterie wieder aufzuladen vermag.

Unsere Aktivitäts-, Anspannungs- oder Stresskurve sollte rhythmisch zwischen Plus- und Minuspol hin und her schwingen. Überwiegend aktiv zu sein, ist genauso ungünstig wie immer nur passiv. Die Kurve bewegt sich bei den meisten Menschen in der westlichen Industriegesellschaft eher am oberen Anschlag. Zur Ruhe kommen wir viel zu selten und wenn, dann oft zu kurz. Das kostet richtig Energie!

> ## TIPP
>
> ### Pranayama – Energie durch Atmen
>
> Unter Pranayamas verstehen wir Atemübungen aus dem Yoga. Eine rasch und einfach zu erlernende Methode ist die Wechselatmung (Nadi Sodhana):
>
> - Setzen Sie sich bequem hin.
> - Schließen Sie mit dem Daumen der rechten Hand die rechte Nasenöffnung durch leichten Druck auf den rechten Nasenflügel.
> - Atmen Sie durch das linke Nasenloch aus.
> - Atmen Sie durch das linke Nasenloch wieder ein.
> - Verschließen Sie nun mit dem Ringfinger der rechten Hand die linke Nasenöffnung durch leichten Druck auf den linken Nasenflügel.
> - Atmen Sie durch das rechte Nasenloch aus.
> - Atmen Sie durch das rechte Nasenloch wieder ein.
> - Schließen Sie jetzt wieder mit dem Daumen der rechten Hand die rechte Nasenöffnung usw.
> - Diesen Vorgang können Sie mehrmals wiederholen, bis Sie sich entspannter fühlen und merken, dass Sie durch diese Atemtechnik wieder Energie getankt haben.
>
> Wichtig: Immer mit der Ausatmung beginnen und durch dasselbe Nasenloch einatmen.
> Auch hier gilt: Übung macht den Meister! Je öfter Sie das Pranayama praktizieren, desto leichter wird es Ihnen fallen und desto eher werden Sie die gewünschten Erfolge erzielen.

Alle Verfahren, die geeignet sind, uns ein wenig »umzupolen«, also den Pegel auf Passivität, Entspannung oder Regeneration zu stellen, schützen vor einem Auftreten oder einem Fortschreiten von Burnout. Welches ist nun das beste Entspannungsverfahren? Ganz einfach: Es gibt nicht die beste Methode, es gibt aber diejenige Technik, mit der gerade Sie am besten zurechtkommen. Wenn Sie eher introvertiert sind, dann werden Sie vom Autogenen Training eher profitieren. Sind Sie eher extrovertiert? Dann ist vielleicht Tai Chi, das chinesische Schattenboxen, das Richtige für Sie. Und wenn Sie eher ein »Bewegungstier« sind, dann kommen am ehesten Yoga oder Progressive Muskelentspannung für Sie infrage. Das Wichtigste aber: Probieren Sie es einfach aus! Werfen Sie dabei Ihre Vorurteile, die Sie vielleicht als Mann oder eher rational denkender Mensch haben, über Bord. Oder wollen Sie lieber Betablocker, Tranquilizer oder Psychopharmaka einnehmen? Entspannungsverfahren haben nämlich im Prinzip deren Wirkungen, ohne aber mit deren Nebenwirkungen behaftet zu sein (nicht jedes dieser Medikamente wird im Einzelfall durch ein Entspannungsverfahren zu ersetzen sein, aber es kann zumindest helfen, einen Teil dieser Medikamente und ggf. damit verbundene Nebenwirkungen einzusparen).

Entspannungsverfahren

Die Auswahl an Entspannungsverfahren ist heute riesig groß. Hier die wichtigsten:
- Autogenes Training
- Progressive Muskelrelaxation nach Jacobson
- Yoga
- Tai Chi
- Qi Gong
- Meditationen
- Phantasiereisen

Es gibt viel Literatur hierzu. Besser noch sind entsprechende CDs, mit denen man akustisch angeleitet wird. Noch besser ist es, diese Techniken persönlich gezeigt zu bekommen. In Volkshochschulen, Wellnesshotels, Reha-Zentren und Kurkliniken kann man diese Entspannungsverfahren praktisch erlernen und einüben. Wie bei vielen anderen Dingen gilt auch hier: Übung macht den Meister. Und es ist noch kein Meister vom Himmel gefallen. Seien Sie also geduldig mit sich selbst und erwarten Sie nicht, dass Sie gleich beim ersten Mal ein tiefes Gefühl von Ruhe erleben werden. Aber es wird mit jedem Mal besser werden. Oben finden Sie beispielhaft eine kleine Yoga-Technik und nachfolgend die Progressive Muskelrelaxation nach Jacobson beschrieben.

> ## TIPP
>
> ### PMR – Entspannung durch Anspannung
>
> Die Progressive Muskelrelaxation (PMR) wurde in den 1930er Jahren von Jacobson in den USA entwickelt und hat seit den 1960er Jahren in Deutschland eine große Verbreitung gefunden. Die Grundidee des PMR ist scheinbar paradox, da die Übung mit einer Anspannung beginnt. Die Erfahrung zeigt, dass es leichter ist, anzuspannen als zu entspannen. Einen schon angespannten Muskel nochmals ein wenig mehr anzuspannen, gelingt praktisch jedem. Und nach der vollen und bewussten Anspannung des Muskels gelingt dann das Lockerlassen und Entspannen wesentlich einfacher und vollständiger. Das Verfahren eignet sich besonders für eher körperbetonte, nicht so introvertierte Menschen. PMR kann darüber hinaus praktisch überall ohne Vorbereitung auch mal schnell zwischendurch praktiziert werden. Es wird in drei Phasen eingeteilt: Anspannen, Loslassen und Nachspüren.
>
> ### Und so geht es
> - Welchen Muskel oder welche Muskelgruppe wollen Sie entspannen? Bemerken Sie, dass die Oberschenkel leicht angespannt sind, ohne dass Sie es wollen oder müssen? Oder ziehen Sie die Schulter so leicht nach oben, dass Sie es nur merken, wenn Sie bewusst darauf achten?
> - Spannen Sie den betreffenden Muskel jetzt bewusst an. Machen Sie das aber nicht ruckartig, sondern steigern Sie langsam innerhalb einiger Sekunden die Anspannung, bis es nicht weiter-

geht. Die Anspannung sollte dabei deutlich spürbar, aber nicht schmerzhaft sein.
- Diese nahezu maximale Anspannung sollten Sie etwa fünf Sekunden halten. Wenn Sie nicht gut abschätzen können, wie lange das ist, zählen Sie einfach von fünf bis eins herunter.
- Halten Sie nicht die Luft an, sondern atmen gleichmäßig weiter. Achten Sie auch darauf, dass Sie nicht aus Versehen andere Muskeln mit anspannen.
- Dann sollten Sie die Anspannung plötzlich loslassen. Der durch die Anspannung ermüdete Muskel entspannt sich jetzt mehr, als er vorher gewesen war.
- Spüren Sie jetzt noch nach, wie sich der Muskel entspannt. Evtl. bemerken Sie auch, wie der ganze Körper sich leichter entspannt.
- Nach 30 bis 60 Sekunden können Sie die Übung noch einmal wiederholen. In der Regel reichen etwa drei Wiederholungen aus, um den Muskel gut und nachhaltig zu entspannen. – Sie können es aber auch öfter wiederholen.
- Sie werden merken, dass der Muskel sich bei jeder An- und Entspannung etwas weiter entspannt.
- Sie können dasselbe mit mehreren unterschiedlichen Muskeln praktizieren.
- Je öfter Sie die PMR praktizieren, desto leichter wird es Ihnen fallen.

Die Übung eignet sich gut dazu, um in einer Arbeitspause oder selbst am PC rasch die angespannten Muskeln zur Entspannung zu bringen. PMR kann damit langfristig chronischen Muskelverkrampfungen durch einseitige Haltung oder Anspannung entgegenwirken.

Psychosoziale Faktoren: Was hilft gegen Burnout?

In den vorangehenden Kapiteln haben wir uns überwiegend mit körperlichen Aspekten des Burnouts beschäftigt, weil diese in der konventionellen Therapie und auch in der entsprechenden Literatur völlig zu Unrecht kaum erwähnt werden. Das heißt aber nicht, dass psychische und psychosoziale Faktoren überhaupt keine Rolle spielen – im Gegenteil: Einige davon sind bei Burnout immer beteiligt.

Welche bei welchem Betroffenen entscheidend sind, kann individuell sehr variieren. In vielen Fällen sind die psychischen Aspekte sogar die bedeutsamsten. Deshalb sollen hier wenigstens komprimiert die wichtigsten Punkte wie etwa die Bedeutung von beruflichen und privaten Beziehungen, Perfektionismus, Zeitmanagement oder auch, wann welche Psychotherapie infrage kommt, thematisiert werden. Ich hoffe, dass Sie sich an den richtigen Stellen wiedererkennen und dann auch die Weichen zukünftig richtigstellen können.

Beziehungslust statt Beziehungsfrust

Beziehungen nützen und schützen bei Burnout. Beziehungen können aber auch schaden. Mit Beziehungen sind menschliche Kontakte jeglicher Art gemeint – solche privater oder auch beruflicher Natur.

Wenn jemand erschöpft von der Arbeit nach Hause kommt, der Tisch nett gedeckt ist und der liebevolle Partner einen mit einem offenen Lächeln begrüßt, dann kann dies ein guter Burnoutschutz sein. Belastet der Partner den Burnoutbetroffenen jedoch noch mit eigenen Problemen, kann das zusätzlich energieraubend wirken. Viele Burnoutbetroffene lassen regelmäßige Treffen mit Freunden und Bekannten einschlafen, weil sie Zeit für »Wichtigeres« sparen wollen oder keine Energie mehr dafür haben. Sie vergessen dabei, wie viel Freude und Energie man bei einem Kaffeekränzchen oder beim Stammtisch gewinnen kann – vorausgesetzt dort sind Menschen, mit denen man gern zusammen ist, und man führt keine nervigen Diskussionen.

Eva

›› Verständnis und Unterstützung? Fehlanzeige!

Eva (33) arbeitet als Verkäuferin in einem Modegeschäft. Sie ist den ganzen Tag auf den Beinen. Heute kamen besonders viele Kunden und sie konnte sich außer in der zu kurzen Mittagspause gar nicht hinsetzen. Die Kundinnen waren auch noch extrem anstrengend, haben aber trotz der kompetenten und engagierten Beratung durch Eva so gut wie nichts gekauft. Als sie nach Hause kommt, ist sie physisch und psychisch völlig fertig, zieht die unbequemen Schuhe aus und muss sich erstmal zehn Minuten auf die Couch legen. Ihr Freund Rainer ist Autoverkäufer, hat heute mehrere gute Geschäfte getätigt, das nachmittägliche Squashspiel gegen seinen Partner gewonnen und sprüht daher am Abend vor lauter Lebenslust. Er kann gar nicht verstehen, warum Eva keine Lust hat, ins Kino und dann noch in die Disco zu gehen. Sie solle sich nicht so haben, worauf Eva eine grantige Bemerkung macht. Rainer ruft seinen Kumpel an und zieht mit ihm durch die Kneipen. Eva geht früh ins Bett und weint sich enttäuscht in den Schlaf.

Ein verständnisvoller Partner kann bei Burnout enorm weiterhelfen. Wenn er sensibel ist, dann erkennt er, wann sein von Burnout gebeutelter Lebensgefährte eine Aufmunterung (z. B. Kino, Restaurant) braucht oder wann er Trost (z. B. ein verständnisvolles Gespräch, eine Wohlfühlmassage) benötigt. Dies bedeutet nicht, dass der »gesunde« den »kranken« Partner nur in Watte einpackt und ihn überprotektiv umsorgt. Er wird irgendwann auch seine Probleme mit dem Burnout des Partners bekommen und sollte – zu einem geeigneten Zeitpunkt – das Gespräch über seine eigenen Gefühle suchen. Und wenn es gar nicht mehr weitergeht, dann sollte der »gesunde« Partner auch irgendwann die Reißleine ziehen und eine professionelle Behandlung des »kranken« Partners einfordern.

> Geliebt wirst Du, wo Du schwach sein darfst, ohne Stärke zu provozieren.
> (Theodor W. Adorno, Philosoph, 1903–1969)

Sandra

›› Ich habe an der Arbeit schon so viel Druck«

Sandra (37) hat sich auf den Freitagabend mit Alfred (40) schon die ganze Woche gefreut. In dem Moment, als die Tür aufgeht, weiß sie aber, dass der Abend gelaufen ist. Ihr Mann ist wieder einmal völlig fertig. Sie weiß, dass er nicht gern über seine Probleme redet, darum lässt sie ihn auch in Ruhe. Sie lässt ihm ein Bad mit beruhigenden Aromaölen ein und bietet ihm danach eine Massage seiner verspannten Rückenmuskulatur an, die Alfred gern annimmt. Er sieht zwar immer noch nicht glücklich, aber wenigstes etwas ruhiger aus.

Am nächsten Morgen frühstücken beide ausgiebig im Bett und die Stimmung ist auch bei Alfred wesentlich gelöster. Sandra sucht jetzt das Gespräch mit ihrem Mann, in dem sie ihm sein Verhalten widerspiegelt und auch ihre Gefühle dabei schildert, ohne dabei Vorwürfe zu machen.

Sandra: »Ich liebe meinen Mann und gebe ihm Geborgenheit, wo immer ich es kann. Auf Dauer kann das aber nicht so weitergehen. Irgendwas muss anders werden. Ich hoffe, dass ich Alfred helfen kann und dass wir es zusammen schaffen.«

Alfred: »Ich habe an der Arbeit schon so viel Druck. Wenn meine Frau mich auch noch unter Druck setzen würde, dann würde ich es nicht aushalten. Aber sie versucht ja, mir zu helfen. Sie kennt nur meine Probleme nicht. Ich rede aber nicht so gern, ich handle lieber. Aber vielleicht hat Sandra ja Recht. Auch wenn es mir schwerfällt, müssen wir reden und etwas verändern.«

Achtung! Tipp für den Partner: Zeigen Sie Ihrem Partner gegenüber Mitgefühl. Vermeiden Sie aber Mitleid! Mitleid zieht die meisten noch weiter herunter. Und Mitleid bedeutet eben auch, dass man mit-leidet. Das hilft nicht dem betroffenen Partner, schwächt aber schließlich auch den (noch) Gesunden.

»Liebe ist das Einzige, was wächst, wenn wir es verschwenden.«
(Ricarda Huch, Dichterin, 1864–1947)

Mit familiären Konflikten und Belastungen umgehen

Haben Sie Konflikte mit dem Ehepartner, der Schwiegermutter, den Kindern? Zusätzlich zu all den Belastungen bei der Arbeit kann das der Tropfen sein, der das Fass der Erschöpfung zum Überlaufen bringt. Hier sind Lösungen unbedingt anzustreben. Wenn irgend möglich, sollten die Probleme mit bordeigenen Mitteln gelöst werden. Was mache ich selbst falsch? Was ist mein Anteil an den Konflikten? Sprechen Sie mit den Konfliktpartnern – allerdings nicht, wenn wieder mal ein Streit eskaliert ist. Außer gegenseitigen Vorwürfen ist dann nicht viel zu erwarten. Vereinbaren Sie einen Gesprächstermin, bei dem gerade mal kein akuter Streit hoch gekocht ist, sondern reden Sie in Ruhe über die hinter den einzelnen Konflikten liegenden

Ursachen. Vermeiden Sie dabei Vorwürfe. Hören Sie zu. Erwidern Sie nicht jeden Vorwurf des Gegenübers mit einer rechtfertigenden Erwiderung (»Ja, dafür hast du aber …«). Reden Sie – wenn möglich – in der Ich-Form (»Als ich erfahren habe, dass du unsere Theaterkarten zurückgegeben hast, weil du mit deinen Kumpels in die Kneipe gehen wolltest, habe ich mich sehr verletzt gefühlt und war traurig und wütend zugleich.«). Wenn die eigenen Anstrengungen nicht nutzen, dann sollte eine Hilfe von außen angestrebt werden. Es gibt Mediatoren, Paartherapeuten, Jugendtherapeuten, die in Einzel- und/oder Vieraugengesprächen moderieren können, das Gespräch sinnvoll leiten, emotionelle Entgleisungen vermeiden und auf einer Meta-Ebene spiegeln können, was in dem Gesagten über das Gesagte hinaus an Botschaften steckt.

Das Glück des Lebens wird von der Beschaffenheit der Gedanken bestimmt.
 (Marc Aurel, römischer Kaiser, 121–180)

Beziehungsabbruch

Ihren Partner, die Kinder, die Angehörigen können Sie nicht ändern. Was Sie aber ändern können, sind Ihre eigenen Einstellungen zu den Personen, zu den Dingen und zu den Handlungen. Wenn Sie etwas nicht ändern können, dann trainieren Sie sich darin, wie Sie es besser ertragen können. Und wenn eine Situation wirklich unerträglich geworden ist, dann steht – nicht vorschnell, sondern als Ultima Ratio – auch der Beziehungsabbruch als letzte Option zur Verfügung. Das kann so aussehen, dass man den immer wieder lästernden Onkel Theodor eben nicht mehr einlädt und besucht – und wenn man einen Kontakt auf einer großen Familienfeier nicht vermeiden kann, dann handelt man eben einen Waffenstillstand aus, bei dem man sich in Ruhe lässt. Auch eine Scheidung kann unter Umständen eine gangbare Lösung sein. Da eine solche aber auch mit erheblichen Belastungen für Zeit, Nerven und das Portemonnaie verbunden ist, sollte eine Trennung wirklich sehr gut überlegt sein und nur nach Ausschöpfen aller anderen Möglichkeiten gewählt werden. Manche berichten dann aber, dass die Scheidung sich im Nachhinein als die schwerste, härteste, langfristig aber als beste Entscheidung erwiesen hat. Einige berichten, dass ihnen bereits mit dem Entschluss ein schwerer Stein vom Herzen gefallen sei – dann ist sie meistens richtig. Wenn aber starke Zweifel bestehen und immer wieder hin und her überlegt wird, dann ist man noch nicht so weit und sollte weiter nach alternativen Möglichkeiten suchen (z. B. eine Trennung auf Probe, um sich über die eigenen Gefühle und Wünsche Klarheit zu verschaffen, Paartherapie oder Mediationsgespräche, in denen beide erkennen können, ob es mehr Trennendes oder mehr Verbindendes gibt).

Ein Pflegefall kann extrem belastend sein

Die Pflege eines nahen Angehörigen kann für eine Familie belastender sein als eine sehr anstrengende Arbeit. Kommt beides

Psychosoziale Faktoren: Was hilft gegen Burnout?

zusammen, so ist der Weg in die Erschöpfung fast vorprogrammiert, besonders wenn ein Ende mittelfristig nicht absehbar ist. Wenn Sie merken, dass es nicht mehr weitergeht, dann müssen Sie sich Hilfe holen. Diese kann darin bestehen, dass sich verschiedene Familienangehörige die Pflegearbeit fair teilen (oft bleibt es nämlich an einem hängen). Ambulante Pflegedienste können für Entlastung sorgen. Eine stationäre Kurzzeitpflege kann sinnvoll sein, damit die Pflegefamilie auch einmal in Urlaub fahren und regenerieren kann. Als Ultima Ratio kommt auch die Unterbringung in einem Pflegeheim infrage. Diese sollte nicht zu früh stattfinden. (»Opa wird jetzt ins Heim abgeschoben.«) Oft wird aus Schamgefühl und wegen des eigenen schlechten Gewissens aber auch zu lange gewartet. Wenn Angehörige merken, dass sie negative Gefühle gegen den zu Pflegenden entwickeln (z. B. Wut, Hass, Sarkasmus), dann sollte man diese Gefühle nicht unterdrücken, sondern sich ihrer bewusst werden. Sie sind nachvollziehbar und man sollte sich deswegen nicht schämen. Bevor solche negativen Gefühle sich in aggressiven Handlungen gegenüber dem Pflegling niederschlagen, sollte aber etwas unternommen werden. Im Notfall kann dann eine stationäre Unterbringung eventuell die beste Lösung für alle Beteiligten sein.

TIPP

Wie sehen Ihre beruflichen Beziehungen aus?

Auch berufliche Beziehungen können stärken oder schwächen. Burnoutbetroffene laufen oft so schnell im betrieblichen Hamsterrad, dass sie gar nicht innehalten können und glauben, keine Zeit für ein Gespräch zu haben. Das Gespräch mit Kollegen kann aber sehr entlastend wirken. Wenn es in der Arbeitszeit wirklich nicht möglich sein sollte, dann muss man sich eben auch mal außerhalb in einem Café oder einer Kneipe treffen. Oft erkennt man, dass man gar nicht allein mit seinen Problemen ist, sondern dass es anderen auch so geht. Bereits das kann eine kleine Entlastung, wenn auch keine Lösung sein. Gemeinsam kann man aber eher etwas verändern als allein. Allein ist man schwach, gemeinsam stark. Konkurrenzverhalten zwischen den »lieben« Kollegen oder Machtkämpfe von Vorgesetzten, in die die entsprechenden Abteilungen hineingezogen werden, können zum Burnout ganzer Belegschaften führen. Hier ist es dann nicht mehr das Problem des Einzelnen, sondern des ganzen Teams. Aber auch in solchen für den Einzelnen unlösbaren Situationen gehen die Betroffenen unterschiedlich damit um und der eine erkrankt eher an Burnout als der andere. Was machen nicht oder wenig von Burnout Betroffene anders? Welche Schutzmechanismen entwickeln sie? Welche Kompensationsmöglichkeiten haben sie? Im Zweifel kann man diese Glücklichen auch einfach fragen und versuchen, von ihnen zu lernen. Einige Schutzprinzipien werden natürlich auch in diesem Buch dargestellt.

Haben Sie Schulden?

Finanzielle Forderungen stellen keineswegs nur eine materielle Belastung, sondern vor allem auch eine psychische Belastung dar. Wenn man merkt, dass man in der Schuldenfalle sitzt, die Schulden einem davonlaufen und man keinen Ausweg mehr sieht, spätestens dann sollte man eine Schuldenberatung aufsuchen. Auch mit den Banken sollte man das Gespräch suchen, am besten in Begleitung von einem Schuldenberater. Mit vernünftigen Umschuldungsstrategien kann eventuell wenigstens ein Teil der Kredite bedient werden. Auch hier gibt es eine Ultima Ratio, nämlich die Privatinsolvenz. Auch diese sollte nicht als Erstes erwogen werden, aber manchmal ist ein Ende mit Schrecken besser als ein Schrecken ohne Ende.

»Geld allein macht nicht glücklich. Es gehören auch noch Aktien, Gold und Grundstücke dazu.«
(Danny Kaye, amerikanischer Komiker, 1913–1987)

Schützt Geld vor Burnout?

Leider nein! Es gibt viele Menschen, die finanziell relativ sorgenfrei sind (z. B. unkündbare Beamten mit gesicherter Pension) oder sogar »im Geld schwimmen« (z. B. erfolgreiche Manager mit hohen Bonuszahlungen), die stark unter Burnout leiden. Wenn Sie auch sonst vielleicht über fehlende Anerkennung klagen (und wir wissen ja, dass Anerkennung der geleisteten Arbeit in gewissem Maße vor Burnout schützt), so ist ihnen immerhin die finanzielle Anerkennung nicht versagt geblieben. Menschen, denen aber sowohl die soziale als auch die materielle Anerkennung verwehrt bleiben, sind noch viel mehr von Burnout bedroht. Vereinfacht kann man sagen, dass Geld zwar nicht vor Burnout schützt, aber Geldsorgen können die Entstehung und das Ausmaß von Burnout nochmals verstärken. Schließlich kann man sich mit genügend Geld auch Entlastung »kaufen«, z. B. ein Relaxwochenende, unbezahlten Urlaub oder gar ein Sabbatjahr.

Psychotherapie

Es gibt bisher sehr wenig wissenschaftlich fundierte Forschung, die belegt, ob und wie viel Psychotherapie überhaupt bewirkt. Das hat u. a. auch methodische Gründe, da die Bildung und Beobachtung einer Kontrollgruppe, bei der nicht therapeutisch interveniert wird, nicht immer leicht fällt. Es existieren jedoch einige Übersichten, die besagen, dass es im Durchschnitt keinen Unterschied macht, ob analytisch/tiefenpsychologisch oder verhaltenstherapeutisch gearbeitet wurde. Was aber wirklich einen wesentlichen Unterschied bedeutete, war der Umstand, wie empathisch der Therapeut war. Wenn Sie sich also für Psychotherapie entscheiden, fragen Sie nicht nach der Schule, der der Psychotherapeut angehört, sondern schauen Sie, ob Sie mit dem Therapeuten in Resonanz stehen, ob Sie in etwa auf einer Wellenlänge liegen, ob Sie »ihn riechen können« (kein Spaß: Unser Geruchssinn befindet sich in dem Teil des Gehirns, der auch für psychosoziale Kontakte, für Antipathie und Sympathie zuständig ist).

In jedem Fall gilt: Wenn Sie nach längerer Zeit merken, dass Sie nicht weiterkommen, dann wechseln Sie das Pferd. Selbstverständlich sollten Sie dies nicht zu schnell tun und ein Therapieabbruch kann vom Patienten unter Umständen auch dann betrieben werden, wenn es besonders heikel wird, wenn der Therapeut den Finger gerade in die Wunde gelegt hat. Dann wäre eine Beendigung der Therapie eher kontraproduktiv. Ich habe aber auch schon Patienten erlebt, die mehrere Jahre Psychoanalyse hinter sich hatten. Nach den Ergebnissen befragt, antworteten diese, dass sie jetzt genau wüssten, warum es ihnen schlecht ginge, die Beschwerden hätten sich jedoch nicht gebessert.

»Wenn ich weiß, wie ein Karren in den Dreck gefahren wurde, weiß ich noch lange nicht, wie er wieder herauszuziehen ist.«

(Gunthard Weber, Arzt und Psychotherapeut, *1940)

Lösungsorientierung

Eine pragmatische, gegenwartsbezogene Psychotherapie fokussiert u. a. auf eine verbesserte Gefühls- und Körperwahrnehmung, trägt zur Verbesserung von Selbstakzeptanz und Fürsorge bei, fördert bessere zwischenmenschliche Beziehungen und ermöglicht die Befriedigung menschlicher Grundbedürfnisse (Stichwort: »Lösungsorientierung«). Dr. Manfred Lütz (*1954), Psychiater, Psychotherapeut und Chefarzt einer großen Klinik, schrieb:

»Jede Psychotherapie ist eine zum Zwecke der Heilung von Leiden manipulative und asymmetrische Beziehung eines methodenkundigen Profis zu einem Heilung suchenden Menschen. Gerade deswegen muss sie streng durch Supervision kontrolliert und sowohl inhaltlich wie zeitlich ausdrücklich begrenzt werden, Psychotherapie ist damit ... stets höchstens die zweitbeste Form der Kommunikation. Die beste Form ist das Gespräch mit Angehörigen, Freunden, Nachbarn, Metzgern und sonstigen ganz ›normalen‹ Leuten. Erst wenn das nicht mehr geht ..., dann tritt Psychotherapie ein, aber auch nur so lange, bis jene beste Form der Kommunikation wieder möglich ist. Daher muss der Grundsatz gelten: So wenig Psychotherapie wie möglich, so viel wie nötig. ... Gute Therapie macht nicht Lust auf Therapie, sondern Lust auf Leben.« (Manfred Lütz in seinem Buch »LebensLust«, © 2002 Pattloch Verlag GmbH & Co. KG, München).

Individualisierte Therapie

Die Psychotherapieforschung zeigt, dass vor allem die Passung von Patient, Therapeut und Methode für das Ergebnis entscheidend ist – deshalb sollte auch keine Therapie nach Schema F, sondern eine

> **TIPP**
>
> ### Als Pinguin sollte man sich nicht in der Wüste aufhalten
>
> »Wenn ich merke, ich bin ein Pinguin, halte mich aber in der Wüste auf, dann ist nicht die entscheidende Frage, wie ich da hingekommen bin, sondern wie ich da wegkomme ... Wenn man sich sehr lange damit beschäftigt, warum man lieber einen langen Hals hätte und lieber eine Giraffe geworden wäre, führt das aus meiner Sicht einfach zu nichts. Entscheidend ist es doch, als Pinguin sein Element zu finden. Deswegen: kleine Schritte zum Wasser gehen und dann spring – und du weißt, wie es sich anfühlt, in deinem Element zu sein.« (Eckart von Hirschhausen in Psychotherapie im Dialog, Nr. 3, September 2009, Jahrgang 10, S. 264)

individualisierte Therapie erfolgen. In bestimmten Fällen sind psychoanalytische/tiefenpsychologische Strategien angezeigt, in anderen wiederum wird man mit verhaltenstherapeutischen Praktiken die besten Ergebnisse erzielen. Mitunter sollte man auch das Eine tun, ohne das Andere zu lassen. Hierzu sind am besten umfassend ausgebildete und erfahrene Therapeuten in der Lage, die eine integrative und individuelle Behandlung durchführen können.

Unter Umständen ist es manchmal besser, ein schädigendes Umfeld zu ändern, als die eigene Person zu problematisieren. Der Arzt und Kabarettist Eckart von Hirschhausen bringt es in dem obigen Kasten humorvoll auf den Punkt.

Lohnt sich die Mühe? Der Ertrag muss stimmen!

Sind Aufwand und Nutzen in einem rechten Verhältnis zueinander? Bekommen Sie genügend Ertrag für das, was Sie tun? Damit muss nicht nur die finanzielle Entlohnung gemeint sein. Wir helfen gern unserem Nachbarn bei einer Arbeit, die dieser allein nicht bewältigen kann. Geld erwarten wir dafür nicht, aber ein Dankeschön sollte schon drin sein. Wir müssen dabei nicht jede einzelne Tätigkeit einer Kosten-Nutzen-Rechnung unterziehen. Jeder Geschäftsmann wird auch einmal einen kleinen, wenig lukrativen Auftrag annehmen, wenn er weiß, dass der Kunde auch für bessere Aufträge gut ist, oder seine Kapazitäten zurzeit nicht ausgelastet sind. Aber nur von Dumpinggeschäften kann auch der beste Unternehmer nicht leben. Wie viele Dumpingtätigkeiten führen Sie aus? Wie oft bekommen Sie keine Gegenleistung – weder materiell noch ideell? Die Gesamtrechnung sollte stimmen. Wenn das nicht der Fall ist, dann sagen Sie auch einmal Nein.

Wenn Sie einen Auftrag von Ihrem Vorgesetzten erhalten haben, dann können Sie natürlich nicht ohne weiteres Nein sagen. Aber auch hier muss die Gesamtrechnung stimmen. Bekommen Sie genügend Gehalt für Ihre Arbeit? Werden Ihre Erfolge genügend gewürdigt? Oder werden Sie ständig überfordert? Oder auch unterfordert, was genauso schlimm sein kann? Wenn die Gesamtrechnung nicht aufgeht, Gespräche mit Kollegen und/oder Vorgesetzten nicht gefruchtet haben und keine Besserung abzusehen ist, dann sollten Sie sich im Zweifelsfall auch nach einer anderen Stelle umsehen.

Wie viel Zeit/Energie/Nerven brauchen Sie für eine bestimmte Tätigkeit? Manchmal muss ein anderer Weg gewählt oder die Tätigkeit sogar aufgegeben werden.

Markus

》 Sich nicht in unwichtigen Details verlieren

Markus (29) ist freischaffender Entwickler von Internetspielen. Er verdient sehr gut. Er kann sich seine Zeit frei einteilen. Er tut manchmal tagelang gar nichts. Dann arbeitet er auch mal eine ganze Nacht durch, wenn er nur so vor Kreativität sprüht, sorgt aber auch für genügend Regenerationsphasen. Markus ist damit in einer beneidenswerten Lage und wenig burnoutgefährdet. Aber im Moment kommt er mit einem kleinen Problem nicht weiter. Er hat viele Entwürfe gemacht und wieder verworfen. Es handelt sich eigentlich nur um ein kleines, unwichtiges Detail in einem neuen Actionspiel, das ihn aber schon viele Tage und Nächte gekostet hat. Sein Ehrgeiz führt jedoch dazu, dass er nicht loslassen kann. Er steht vor der Entscheidung, noch viel mehr Zeit dafür zu investieren – mit unsicherem Ausgang – oder diese Kleinigkeit zugunsten des Fortschritts am Gesamtprojekt aufzugeben. Er entscheidet sich schließlich dafür, diese Teilaufgabe nicht mehr weiter zu bearbeiten, sondern an anderer Stelle weiterzumachen, um das Gesamtprojekt nicht zu gefährden. Wenn alles fertig ist, will er noch einmal überprüfen, ob er sich in das Detail vertiefen oder es ganz aufgeben möchte. Sehr vernünftig!

An der Börse heißt es, man soll schlechtem Geld kein gutes hinterherwerfen. Wenn eine Investition fehlgeschlagen ist, dann sollte man nicht noch weiteres Geld verbrennen, sondern den Verlust akzeptieren und sich neuen aussichtsreichen Investitionen zuwenden. Das ist schwer und wird nur von wenigen erfolgreich praktiziert. Bei der Arbeit ist es aber genauso. Auch hier sollte man ein Projekt, welches nur mit unverhältnismäßig großem Aufwand zum Erfolg gebracht werden kann trotz der bereits investierten Energie auch mal abschreiben.

Aufstieg um jeden Preis?

Das sogenannte »Peter-Prinzip« besagt: Jeder steigt auf der Karriereleiter so lange auf, bis er die Stufe seiner Inkompetenz erreicht hat. Dieser Spruch ist etwas zynisch und trifft wohl auch nicht immer zu. Wenn er aber zutrifft, dann ist Burnout häufig vorprogrammiert. Inkompetenz bedeutet dabei nicht unbedingt fachliche Inkompetenz, sondern unter Umständen auch andere Defizite, etwa in der Führung. Nicht jeder, der fachlich ein Experte ist, weist die Qualifikationen auf, andere Menschen gut zu führen. Viele Menschen können die dann auftretenden Probleme einfach aussitzen, andere leiden aber unter der Diskrepanz zwischen Wollen und Können. Diese entwickeln dann nicht selten ein Burnout. Die Therapie ist eigentlich ganz einfach: Entweder der Betroffene legt sich die ihm fehlenden Qualitäten noch zu. Hierzu kann beispielsweise die Teilnahme an Führungsseminaren dienen. Auch die Beratung durch einen externen Coach, mit dem man individuelle Probleme und Situationen durchspricht, kann sich als hilfreich erweisen. Für manche Menschen ist aber auch ein Schritt auf der Karriereleiter zurück die optimale Maßnahme. Das Problem dabei ist nur, dass ein solcher Schritt in unserer auf Leistung orientierten Gesellschaft als Versagen angesehen wird. Der eigentlich dem sozialistischen Teil Deutschlands stammende Spruch »Vorwärts immer, rückwärts nimmer« spiegelt die deutsche Mentalität – nicht nur im Sozialismus, sondern auch im Kapitalismus – recht treffend wieder.

Das »inverse Peter-Prinzip«

Es gehört also schon viel Mut dazu, gegen den Strom zu schwimmen und sich bewusst für einen Abstieg zu entscheiden. Wenn Sie einen solchen in Erwägung ziehen, dann treffen Sie diesen Entschluss nicht überstürzt und spontan, etwa nach einem unangenehmen Ereignis wie einem Konflikt mit Mitarbeitern. Überlegen Sie sich gut, was Sie eigentlich wollen und wie Sie sich am besten verwirklichen können. Wägen Sie Pro und Kontra gut gegeneinander ab – eine Rückstufung ist in der Regel auch mit finanziellen Einschränkungen verbunden. Besprechen Sie Ihre Pläne mit vielen, Ihnen vertrauten und wohlgesonnenen Menschen. Versichern Sie sich also einer breiten, sozialen Unterstützung. Oft sind Partner, Freunde, Kinder, Eltern oder Kollegen nicht nur einverstanden damit, sondern haben einen solchen Schritt lange erhofft und sich nur nicht getraut, Ihnen diesen vorzuschlagen.

Wenn Sie sich also wirklich sicher sind – und nur dann – und Ihr soziales Umfeld Sie dabei auch noch unterstützt (es werden nicht alle tun, aber die für Sie entscheidenden Personen sollten auf Ihrer Seite stehen), dann wagen Sie das inverse Peter-Prinzip: Jeder steigt so lange ab, bis er die Stufe seiner Zufriedenheit erreicht hat. Scheitern Sie, aber scheitern Sie erfolgreich! Das kann der entscheidende Befreiungsschlag gegen Ihr Burnout sein.

Susanne

» Die Beförderung führte ins Burnout

Susanne (36) war aufgrund Ihrer fachlichen Kompetenz und ihres großen Engagements für ihre Schüler und ihre Kollegen (bei Vertretungen oder fachlichen Fragen war sie immer hilfsbereit gewesen) schon früh Bereichsleiterin geworden. Als dann die Stelle des Schulleiters vakant wurde, wurde sie selbst zu ihrem eigenen größten Erstaunen für diesen Posten vorgeschlagen. Den Vorgesetzten gefielen die fachliche Kompetenz und die Kreativität, die sie bei Schulprojekten bewiesen hatte. Auch die Kollegen reagierten keineswegs mit Neid, wie dies bei einem so frühen und steilen Karrieresprung vielleicht sogar zu erwarten gewesen wäre. Praktisch alle Mitarbeiter der Schule unterstützten die Beförderung, vielleicht auch deshalb, weil jeder glaubte, aufgrund von Susannes Freundlichkeit eigene Forderungen gut durchsetzen zu können.

Susanne wurde Schulleiterin. Ihre geliebte Lehrtätigkeit tauschte sie durch administrative und repräsentative Tätigkeiten aus.

Und so kam es dann auch: Susanne wurde Schulleiterin. Ihre geliebte Lehrtätigkeit tauschte sie durch administrative und repräsentative Tätigkeiten aus. Das stundenlange und nicht immer konstruktive Sitzen in Gremien behagte ihr gar nicht. Am schlimmsten war für sie aber, dass alle mit ihren Problemen zu ihr kamen und sich eine befriedigende Lösung erwarteten. Sie half auch, so gut sie konnte. Sie hatte aber enorme Schwierigkeiten bei Konflikten zwischen verschiedenen Personen. Nicht immer konnte ein Kompromiss gefunden werden, den beide Streithähne akzeptieren konnten. Susanne musste auch Entscheidungen treffen, die dem einen oder anderen wehtaten. Genau das fiel ihr aber schwer. Sie holte sich Rat bei Freunden und Angehörigen. Diese rieten zu Geduld, das werde sich schon mit der Zeit geben, sie müsse halt noch Erfahrung sammeln und in die Führungsposition hineinwachsen. Sie müsse auch mehr Entscheidungsfreudigkeit, Entschlusskraft und auch ein bisschen Härte zeigen. Genau das gelang ihr aber nicht.

Nach zwei quälenden Jahren und der Entwicklung einer zunehmenden Burnoutproblematik fasste sie schließlich den Entschluss, ihre Führungsposition wieder abzugeben und »nur« noch Lehrerin zu sein.

Sie wälzte sich nächtelang im Bett, wenn es um unangenehme Entscheidungen ging. Sie wurde immer unkonzentrierter und erschöpfter. Sie reagierte auch zunehmend gereizt und litt dabei noch mehr als die manchmal ungerecht Behandelten, weil sie anschließend ein schlechtes Gewissen hatte. Außerdem vermisste sie den Kontakt zu den Schülern. Nach zwei quälenden Jahren und der Entwicklung einer zunehmenden Burnoutproblematik fasste sie schließlich den Entschluss, ihre Führungsposition wieder abzugeben und »nur« noch Lehrerin zu sein. Wider Erwarten reagierte kaum jemand mit Häme oder Spott. Ihre Entscheidung wurde akzeptiert, ja sogar begrüßt. Die Mitschüler freuten sich wieder auf ihre kompetente und freundliche Lehrerin. Ihre Verwandten – lediglich ihre ehrgeizigen Eltern waren zunächst von dem »Rückschritt« nicht angetan gewesen – waren froh, die »alte« ausgeglichene und freundliche Susanne wiederzubekommen.

Nicht jeder, der fachlich kompetent ist, muss auch für Führungsaufgaben geeignet sein. Manche wissen dies von vornherein und bemühen sich ab einer bestimmten Stufe nicht mehr um einen weiteren Aufstieg. Manche müssen dies erst nach einem schmerzhaften Prozess erkennen. Entscheidend ist aber, was Sie selbst wollen und wobei Sie langfristig die größte Zufriedenheit erreichen können. Wir sollten uns dabei nicht zu sehr von den Meinungen anderer beeinflussen lassen.

Es sind nicht die Tatsachen, die das menschliche Verhalten beeinflussen, sondern es ist die Meinung, die sich Menschen über diese Tatsachen bilden.
(Alexander von Humboldt)

Wie schütze ich mich bei der Arbeit vor Burnout?

Es gibt Menschen, die bis ins hohe Alter unglaublich kreativ und produktiv waren, ohne Anzeichen von Burnout zu zeigen (z. B. Goethe, Albert Schweitzer, Thomas Alva Edison). Was haben diese gemacht, um sich vor Burnout zu schützen? Sie sahen einen großen Sinn in dem, was sie taten, sie haben reichlich Anerkennung für ihr Tun erfahren und sie haben sich immer noch etwas Kindliches in ihrem Tun bewahrt. Damit meine ich etwas Spielerisches. Es macht einen riesigen Unterschied, ob ich meine Arbeit als Pflicht ansehe, die ich erfüllen muss, oder sie eine Herausforderung und Aufgabe für mich darstellt, die ich lösen will, so wie ich ein Spiel gewinnen möchte. Und ich muss nicht an dem Spiel teilnehmen, sondern ich darf an ihm teilnehmen.

»Ein Beruf ohne Engagement und ohne Spaß ist wie ein vergeudetes Leben.«
(Inge Meysel, Schauspielerin, 1910–2004, im Alter von 84 Jahren)

Vielleicht fällt es wirklich nicht leicht, eine Arbeit als Spiel anzusehen, wenn ich im Krankenhaus innerhalb kurzer Zeit die 30 Betten der Station machen oder im Flugzeug 150 Passagiere mit Tomatensaft und zollfreien Zigaretten versorgen muss. Aber Sie können sich ja einmal andere spielerische Ziele setzen, z. B. noch freundlicher als sonst zu sein und einen Teil Ihrer Patienten/Klienten/Kunden zum Lächeln zu bringen. Wenn Sie dieses Ziel erreichen (ohne ihre eigentlichen Aufgaben zu vernachlässigen), dann haben Sie gewonnen – und etwas zurückbekommen.

TIPP

Burnoutschutzmaßnahmen

- Die eigenen Ansprüche bei der Arbeit senken, wenn sie zu hoch gesteckt oder zu perfektionistisch sind.
- Sich nicht für alles verantwortlich fühlen; die Eigenverantwortung bei Patienten, Klienten etc. belassen.
- Verabschieden Sie sich von zu idealistischen Vorstellungen.
- Wahren Sie eine gewisse emotionale Distanz zu Patienten, Klienten etc.
- Eigenlob stinkt – nicht!
- Suchen Sie sich einen Coach!
- Intellektuelle Anregung schützt.
- Klientenkontakt kann schützen, wenn man hier Wertschätzung und positive Bestätigung erhält.
- Gemeinsam entwickelte und anerkannte Ziele einer Organisation schützen, denn Ziele motivieren und gemeinsame Ziele verbinden.
- Vorgesetzte können sowohl Burnout fördern als auch davor schützen. Man kann sich keinen Chef backen, aber beispielsweise konstruktive Mitarbeitergespräche führen etc.
- Selbstfürsorglich sein, das heißt, die eigenen Belastungsgrenzen kennen, akzeptieren und auch gegenüber Vorgesetzten und Kollegen kommunizieren.
- Nehmen Sie Arbeit nie mit nach Hause! Das betrifft sowohl »materielle Arbeit« (etwa Akten) als auch »ideelle Arbeit«, wenn Sie also beispielsweise in der Freizeit oder abends im Bett noch lange über die Arbeit und damit verbundene Probleme und Ereignisse nachdenken. Dienst ist Dienst und Schnaps ist Schnaps – ein wirksamer Burnoutschutz!

Einen persönlichen Schutzwall errichten

Wer Burnout hat, ist geschwächt und verwundbar. Viele entwickeln dabei eine Gegenstrategie, die in Fachkreisen als Depersonalisation bekannt ist. Darunter versteht man einen »Rückzug aus dem persönlichen Kontakt«, welcher mit einer gewissen Distanzierung, mitunter aber sogar mit Sarkasmus einhergeht. Dies ist einerseits ein Symptom der Krankheit. Je weniger Empathie man seinem Kunden/Klienten/Patienten entgegenbringt, mit je mehr Zynismus man auf belastende Situationen reagiert, umso weiter ist das Burnout fortgeschritten. Andererseits stellt die Depersonalisation aber auch einen Schutzwall dar. Richtig und bewusst eingesetzt, kann dies ein wertvolles Instrument sein, um sich vor einem Fortschreiten des Burnouts zu schützen. Man legt sich dabei eine »verstellbar dicke Haut« zu. Das ermöglicht weiterhin ein Einfühlen mit dem Gegenüber. Andererseits lässt man aber auch nicht alle Gefühle und Probleme des anderen an sich heran. Eine Strategie kann beispielsweise darin bestehen, auszuwählen, bei welchen Menschen man sich besondere Mühe gibt und bei welchen man sein Engagement in Grenzen hält, was nicht heißt, dass man sie schlecht behandeln muss. Das wirklich Notwendige sollten Sie tun – aber muss es immer das Optimale sein? Viele von Burnout Betroffene entwickeln leicht ein schlechtes Gewissen: »Ich muss doch bei allen und allem meine ganze Energie und Empathie einsetzen, sonst handele ich doch unethisch!« Aber was ist schlechter: Eine Zeit lang seine Wärme ungehindert allen zukommen zu lassen, dabei auszubrennen, um dann irgendwann allen gefühllos, abwertend und zynisch zu begegnen? Oder seine Energie ein wenig zu dosieren, aber so sein ganzes Berufsleben lang hilfreich tätig sein zu können?

TIPP

Reiten Sie ein totes Pferd?

Eine Weisheit der Dakota-Indianer besagt: »Wenn du entdeckst, dass du ein totes Pferd reitest, dann steig ab!« Klingt logisch und ist ganz einfach. Doch leider steigen gerade Menschen mit Burnout eben nicht vom toten Pferd ab, sondern versuchen, mit viel Energieaufwand aus dem toten Pferd noch etwas zu machen. Ein totes Pferd kann dabei Vieles sein – ein Projekt bei der Arbeit, an dem man sich lange und vergeblich abgemüht hat, eine Partnerschaft, die wirklich keine Zukunft mehr hat etc. Hier finden Sie 15 »Tipps« zum Reiten toter Pferde:

- Wir kaufen externe Experten ein, die angeblich tote Pferde reiten können.
- Wir trainieren hart, um besser tote Pferde reiten zu können.
- Wir sagen: »So haben wir das Pferd aber schon immer geritten«.
- Wir ändern die Kriterien, die festlegen, ob ein Pferd tot ist.
- Wir schirren mehrere tote Pferde gemeinsam an, damit wir schneller werden.
- Wir erklären: »Kein Pferd kann so tot sein, als dass wir es nicht mehr reiten können.«
- Wir erklären, dass unser Pferd besser, schneller und billiger tot ist als andere tote Pferde.
- Wir entwickeln neue Qualitätsstandards für das Reiten toter Pferde.
- Wir richten eine unabhängige Kostenstelle für tote Pferde ein.
- Wir entwickeln ein Motivationsprogramm für das Reiten toter Pferde.
- Wir bilden eine Meditationsgruppe und visualisieren, dass man das tote Pferd reiten kann.
- Wir lassen das tote Pferd zertifizieren.
- Wir erstellen eine Präsentation, in der wir aufzeigen, was das tote Pferd könnte, wenn es noch leben würde.
- Wir entwickeln andere Aufgaben für neue Pferde, z. B. Pflügen oder Kutsche ziehen.
- Wir sorgen dafür, dass eine andere Abteilung die Verantwortung für das tote Pferd bekommt.

Selbstbestimmt arbeiten

Ein wesentliches Merkmal von Burnout ist, dass Betroffene ihre Situation häufig nicht unter Kontrolle haben. Sie können ihre Zeiteinteilung und ihre Aufgabenverteilung meist nicht selbst bestimmen, sondern müssen die Anweisungen von Vorgesetzten befolgen – manchmal sogar wider besseres Wissen. Ihre Kompetenz ist nicht gefragt, ja oft sogar nicht einmal erwünscht. Das schafft nicht nur Frustration, sondern trägt auch zum Burnout bei. Seine Zeit und Aufgaben selbst einteilen zu können, ist hingegen ein guter Burnoutschutz – vorausgesetzt man vermeidet dabei Überforderung und Selbstausbeutung.

Kontrolle ist gut – Vertrauen ist besser

Zu viel Kontrolle kann allerdings auch schaden. Manche Menschen haben so wenig Vertrauen in sich selbst oder in die Fähigkeiten ihrer Mitarbeiter, dass sie alles doppelt und dreifach kontrollieren – bei sich selbst und bei anderen. Solche Menschen können auch schlecht delegieren und Verantwortung abgeben. Dies führt zu Überforderung bei sich selbst und zu Frustrationen bei den anderen. Die Übergänge vom »Superkontrolletti« zum Zwangsneurotiker sind fließend. In einfachen Fällen kann eine gute Mitarbeiterführung oder eine Anleitung durch einen erfahrenen Coach, der das Verhalten analysiert und gemeinsam mit dem Betroffenen Strategien zur Verhaltensänderung entwickelt, ausreichen. In schweren Fällen kann sogar eine Psychotherapie erforderlich werden, wobei verhaltenstherapeutische Ansätze hier oft rascher zum Erfolg führen als eine tief greifende Psychoanalyse. Diese kann hingegen die dem Kontrollzwang zugrunde liegenden Ursachen besser aufdecken.

Delegieren

Wirklich erfolgreiche Menschen hatten immer ihre Zuträger, die Ihnen Arbeit abgenommen haben. Die Leitlinien müssen Sie selbst entwickeln. Aber Arbeit, die ersetzbar ist, können auch andere tun. Sie müssen, wenn Sie selbst in einer Führungstätigkeit sind, nicht die Arbeit Ihrer Untergebenen erledigen. Das Problem ist, dass viele Burnoutpatienten sich für unersetzlich halten. »Wenn ich das nicht erledige, wird es nicht richtig gemacht.« Wenn Sie so denken, dann wird dies im Sinne einer sich selbst erfüllenden Prophezeiung tatsächlich so sein, wie im folgenden Beispiel.

Holger

》 Der Abteilungsleiter kontrollierte alles nach

Holger (54) ist Abteilungsleiter im Finanzamt. Weil er seinen Mitarbeitern nicht vertraut, prüft er fast alle Steuererklärungen selbst noch einmal ganz genau nach.

Er findet dabei immer wieder auch die kleinsten Fehler. Weil sich die Mitarbeiter darauf verlassen können, dass alle ihre Fehler korrigiert werden, arbeiten Sie immer schlampiger, was Holger darin bestätigt, noch genauer nachzuprüfen. Die Unzufriedenheit aller Beteiligten wird schließlich so groß, dass ein Supervisionsgespräch vereinbart wird. Dabei äußern die Untergebenen schließlich ihren Unmut darüber, dass sie selbst, wenn sie völlig exakt arbeiten, niemals einen Blumentopf gewinnen können, weil ihnen trotzdem vermeintliche Fehler nachgewiesen werden. Manche Entscheidungen sind eben durchaus verschieden auslegbar. Ihre Sichtweise wird aber immer von Holger überstimmt. Seine Untergebenen halten ihn für einen besserwisserischen Erbsenzähler, was Holger total entsetzt, weil er sich selbst gar nicht so wahrnimmt. Schließlich sind die Mitarbeiter (verständlich und ein guter Selbstschutz) quasi in die »innere Kündigung« gegangen und haben »Dienst nach Vorschrift« gemacht. Es wird mithilfe der eingesetzten Supervisorin klar, dass die Situation nur dann entschärft werden kann, wenn Holger Verantwortung abgibt und nicht mehr kleinlich alles nachprüft und korrigiert. Wenn er einen vermeintlichen Fehler entdeckt, will er zukünftig die Begründung des Mitarbeiters für dessen Entscheidung anhören und überprüfen, ob er diese nicht doch mittragen kann.

Arbeitsteilung im Haushalt

Delegation und Abgabe von Verantwortung sind nicht nur im Berufsalltag, sondern auch in der häuslichen Umgebung wichtig. Wer hat eigentlich festgelegt, dass die Hausfrau dafür verantwortlich ist, dass jede schmutzige Socke in den Wäschekorb gehört, dass das gebrauchte Geschirr in die Spülmaschine gelangt und dass die Betten jeden Morgen gemacht werden? Sie hat die Aufgaben selbst übernommen, weil sie niemand anders getan hat (tun wollte?). Und nun wird sie sie nicht mehr los. Wenn sie es nicht versucht, dann wird es auch so bleiben. Wenn jedoch Symptome des Burnouts (Phase 1 oder sogar schon 2) bestehen, dann existiert bereits ein Leidensdruck, dann besteht echter Handlungsbedarf. Spätestens dann sollten sich alle Angehörigen eines Haushalts zusammensetzen und gemeinsam überlegen, was zu tun ist. Wenn die Mutter ihr Pensum nicht von 100% auf 90% herunterfährt, dann kann es passieren, dass sie irgendwann auf 0% herunterfahren muss, weil sie vielleicht für mehrere Wochen oder Monate ganz ausfällt, weil sie die Phase 3 des Burnouts erreicht hat. Wenn hierüber allgemeine Einsicht besteht, dann können auch einige Aufgaben verteilt werden.

Ich arbeite nach dem Prinzip, dass man niemals etwas tun sollte, was ein anderer für einen übernehmen kann.

(John D. Rockefeller, Unternehmer, 1839–1937)

Hilfe annehmen und auch einfordern

Manche Menschen können Hilfe nicht so gut annehmen, sie verbinden das mit Schwäche. In den meisten Fällen ist es aber nur natürlich, wenn man um Hilfe bittet – egal ob an der Arbeit oder im Haushalt. Manchmal muss man diese auch energisch einfordern – bei unkollegialen Kollegen oder faulen Kindern oder Partnern. Verhandeln Sie, wo es Sinn macht. (»Wenn du mir bei diesem Projekt hilfst, helfe ich dir bei dem nächsten.«) Nötigenfalls setzen Sie aber auch geeignete Druckmittel ein. (»Wenn du mir jetzt nicht beim Abspülen hilfst, dann habe ich auch keine Zeit, dich mit dem Auto zum Reitunterricht zu fahren.«) Die Strategie »Selbst ist der Mann/die Frau« wird gerne gerade von Menschen mit Burnout verinnerlicht. Vergessen Sie es. Der Mensch ist ein Rudelwesen. Kooperation ist besser als Isolation. Gehen Sie Zweck- und Arbeitsbündnisse ein, wo immer diese sinnvoll sind. Helfen Sie und lassen Sie sich helfen. Lassen Sie sich bei solchen Bündnissen aber nicht über den Tisch ziehen. Burnoutpatienten lassen sich

> ## TIPP
> ### Rezepte gegen Perfektionismus
>
> Machen Sie alles 150 %ig? Hat Ihnen schon mal jemand gesagt, dass Sie zu genau, zu fleißig und zu gut sind? Dann sind Sie vielleicht perfektionistisch. Perfektionismus ist aber ein wichtiges Teilchen im Puzzle des Burnouts. Programmieren Sie sich um:
> - Bügeln Sie ganz bewusst einmal nur ¾ der Wäsche.
> - Graben Sie einmal nicht den ganzen Garten um, sondern lassen Sie einen Teil für das nächste Mal übrig.
> - Arbeiten Sie am Ende der Woche nicht den ganzen Schreibtisch ab, sondern lassen absichtlich etwas (nicht ganz so Wichtiges) liegen.
>
> Wie ging es Ihnen dabei? War das vielleicht gar nicht so schwer und haben Sie sich dabei sogar wohl gefühlt? Gratulation und weiter so! Keine Sorge: Wenn Sie zu Perfektionismus neigen, werden Sie niemals in Gefahr geraten, alles schleifen zu lassen. Sie werden auch weiterhin Ihre Aufgaben bewältigen, aber vielleicht nicht mehr so schnell und übergenau wie jetzt, sondern mit mehr Freude und Rücksicht auf sich selbst.
> Oder fällt es Ihnen unglaublich schwer und können Sie es gar nicht ertragen, wenn auch nur das Geringste unerledigt bleibt? Dann haben Sie wirklich ein Problem, mit dem Sie allein vielleicht gar nicht mehr fertig werden. Suchen Sie sich professionelle Hilfe, die analytisch aufspürt, warum Sie so perfektionistisch sind und Sie verhaltenstherapeutisch zu einem entspannteren Umgang mit »nur« 95 %iger Pflichterfüllung verhilft.

gerne ausnutzen. Gehen Sie nur solche Bündnisse ein, von denen alle profitieren – das ist dann ein wirksamer Burnoutschutz für beide Seiten.

Ich möchte mir am Ende meines Lebens nicht sagen müssen: Alle, alle waren sie mit meinem Leben zufrieden – nur ich nicht. (Lisa Fitz, Kabarettistin, *1951)

Die Zeit richtig einteilen

- »Hätte ich nur mehr Zeit, könnte ich mein Arbeitspensum viel besser bewältigen.«
- »Ich habe viel zu wenig Zeit, um mich zu erholen, mich um meine Kinder/meinen Partner/meine Freunde zu kümmern.«
- »Wenn der Tag keine 24 Stunden, sondern 36 hätte, dann könnte ich Sport treiben oder mich meinen Hobbys widmen.«

Das sind Aussagen, die immer wieder von Menschen mit Burnout zu hören sind. Sie haben alle eines gemeinsam: Sie sind falsch! Selbst wenn der Tag 36 Stunden hätte, würden sie ihn so voll stopfen, dass diese auch zu wenig wären. Was wir benötigen, ist ein gutes Zeitmanagement. Jedes moderne Unternehmen entwickelt heute bei einem größeren Projekt einen entsprechenden Plan (Projektmanagement) mit genauem Ablaufplan, Zeitvorgaben, Anforderung materieller und personeller Ressourcen. Zwischenauswertungen dienen der Kontrolle, ob man noch im Plan liegt, die Ziele revidiert werden müssen, weitere Unterstützung beantragt werden muss oder ggf. sogar der ganze Plan gecancelt werden sollte. Was sich im Großen als erfolgreich erweist, kann im Kleinen nicht schaden.

Hermann

》 Zeitmanagement

Hermann (49) ist als leitender Angestellter für die Personalplanung eines mittelständischen Unternehmens verantwortlich. Um Personalkosten zu sparen und das Unternehmen im globalen Wettbewerb konkurrenzfähig zu halten, sind die Personalpläne äußerst knapp gehalten. Euphemistisch nennen Manager das dann gern »lean« oder »schlank«. Dies bedeutet aber nichts anderes, als dass die Arbeit gerade mal eben so zu schaffen ist – wenn nichts dazwischen kommt. Wenn Mitarbeiter erkranken, ein neues oder dringendes Projekt dazwischen kommt oder aus anderen Gründen eine Panne im normalen Ablauf passiert, dann reichen die Ressourcen eben nicht mehr aus.

Psychosoziale Faktoren: Was hilft gegen Burnout?

Mitarbeiter arbeiten dann oft über ihre Grenzen hinaus, was unter Umständen zu weiteren Arbeitsunfähigkeiten führt, die wiederum die verbliebenen Mitarbeiter über Gebühr belasten und zu neuen Krankschreibungen führen – ein fataler Teufelskreis beginnt.

> Wenn Hermann sein Büro mit Bauchgrimmen betritt, weil ihm vor dem kaum abzuarbeitenden Berg auf seinem Schreibtisch graut, dann weiß er nicht, wo er zuerst anfangen soll.

Wenn Hermann sein Büro mit Bauchgrimmen betritt, weil ihm vor dem kaum abzuarbeitenden Berg auf seinem Schreibtisch graut, dann weiß er nicht, wo er zuerst anfangen soll. Bevor er den ersten Brief öffnet oder seinen PC starten, um zu sehen, was sich an Mails wieder angestaut hat, klingelt bereits das Telefon und er wird mit dem Ausfall eines wichtigen Mitarbeiters in der Produktion konfrontiert. Statt seine Briefe und seine Mails abzuarbeiten, muss er erstmal eine Stunde telefonieren, um die Lücke notdürftig zu schließen. So ähnlich geht es dann den ganzen Tag weiter. Hermann kann kaum gezielt handeln, er reagiert nur noch. Statt zu managen, muss er ständig den Feuerwehrmann spielen. Er merkt, dass diese Tätigkeit ihn zunehmend erschöpft. Außerdem kann er damit keinen Blumentopf gewinnen. Dass er die drängendsten Probleme einigermaßen befriedigend löst, wird selbstverständlich von ihm erwartet. Sollte er es hingegen einmal nicht oder nicht schnell genug schaffen, dann wird er dafür verantwortlich gemacht.

> Dass er die drängendsten Probleme einigermaßen befriedigend löst, wird selbstverständlich von ihm erwartet.

Ein Kollege gibt ihm den Tipp, einen Fortbildungskurs über Zeitmanagement zu buchen. Hier erfährt er, wie er Tätigkeiten in wichtig und unwichtig, dringlich und weniger dringlich einteilen kann und wie er diese besser abarbeiten kann. Bei der Analyse seiner Tätigkeiten durch eine andere Person, eben von »außen«, wird aber auch deutlich, dass er mit seinen Möglichkeiten auch bei bester Planung unmöglich alles bewältigen kann. Er weiß jetzt nicht nur subjektiv, dass er überfordert ist, sondern bekommt dies auch noch objektiv bestätigt. Mit dieser Unterstützung kann er gestärkt vor seinen Vorgesetzten treten und eine stundenweise Vertretung seiner »Feuerwehrfunktion« einfordern, damit er wenigstens in dieser Zeit in Ruhe seine konventionellen Aufgaben abarbeiten kann. ■

Fragen, die Sie weiterführen

In diesem Buch haben Sie viel über mögliche Ursachen und Möglichkeiten der Vermeidung von Burnout erfahren. Manches wird für Sie eher zutreffen, anderes weniger. Ganz wichtig ist, dass Sie die gerade auf Sie passenden Punkte finden. Um Antworten zu finden, ist die wichtigste Voraussetzung, die richtigen Fragen zu stellen:
- Wie trage ich selbst zu meinem Burnout bei?
- Wo beachte ich meine Grenzen nicht, sondern überschreite sie?
- Welche Faktoren führen dazu (eigene und äußere)?
- Kann ich diese Faktoren irgendwie beeinflussen?
- Wie kann ich sofort eine Minderung meiner Belastungen erreichen?
- Wie kann ich nach der Arbeit besser abschalten?
- Was gibt mir Kraft?
- Was macht mir Spaß?
- Wie kann ich meine Gesundheit fördern?

Vielleicht nehmen Sie sich einmal an einem verregneten Sonntagnachmittag die Zeit und beantworten Sie diese Fragen für sich selbst in Aufsatzform. Versuchen Sie nicht, alles auf einmal zu schaffen (das würde Burnout weiter führen), sondern schreiben Sie Ihre Gedanken Punkt für Punkt auf. Stecken Sie die Antwort in ein Kuvert, adressieren Sie es an sich selbst und schreiben Sie das Datum von in sechs Monaten darauf. Was hat sich im letzten halben Jahr geändert? Wo haben Sie schon viel erreicht? Wo müssen Sie Ihre Anstrengungen noch intensivieren?

Persönlichkeitsaspekte

In der Tabelle auf der folgenden Seite finden Sie einige Aussagen zu verschiedenen Persönlichkeitsaspekten. Wo ordnen Sie sich jeweils ein? Eher links oder eher rechts? Wenn die Aussage in der linken Spalte eher auf Sie zutrifft, lesen Sie sich (mindestens) dreimal langsam, am besten noch laut und deutlich die »Gegenmaßnahme« durch. Finden Sie sich darin wieder. Dann lernen Sie sie auswendig und sprechen Sie sich innerlich bei jeder passenden Gelegenheit vor.

Ziele setzen und erreichen

»Wer den Hafen nicht kennt, für den ist kein Wind der Richtige.«
(Seneca, römischer Philosoph, 1–65)

Ziele formulieren kann jeder. Diese zu erreichen, ist schon viel schwerer, wie jeder aus leidvoller Erfahrung weiß. Es gibt aber einige Tipps und Kniffe, mit denen es mindestens wahrscheinlicher wird, dass

Psychosoziale Faktoren: Was hilft gegen Burnout?

Sie es schaffen. Werden Sie persönlich und direkt! Statt: »Man sollte sich vernünftig ernähren.« Besser: »Ich werde ab sofort nur noch einmal in der Woche Fleisch, täglich mehrere Portionen Obst und Gemüse verzehren!« Überprüfen Sie Ihre eigenen Vorsätze und die Sprache, die Sie dabei gebrauchen. Wenn Sie etwas wirklich wollen, dann vermeiden Sie Plattitüden:

- Vermeiden Sie »man«, verwenden Sie »ich«
- Vermeiden Sie den Konjunktiv »ich sollte«, »ich würde ja gerne«, »ich könnte mal wieder«, »ich müsste eigentlich«, sondern sagen Sie fest »ich will« oder besser noch »ich werde« und am besten »ich werde ab sofort/ab morgen/ab nächsten Dienstag«.

Welche Aussagen treffen eher auf Sie zu?

	Burnoutfaktoren	Burnoutschutz
Perfektionismus	Ich mache alles perfekt. Ich will immer der Beste sein. Fehler dürfen nicht vorkommen.	Ich will so gut sein, wie es bei vertretbarem Aufwand möglich ist. Ich darf auch Fehler machen.
Altruismus	Ich denke zuerst an andere und zuletzt an mich selbst. Ich versuche, es allen recht zu machen.	Ich darf einen gesunden Egoismus haben und auch an meine eigenen Bedürfnisse denken. Auch ich bin wichtig, nur wenn es mir selbst gut geht, kann ich anderen helfen.
Zeiteinteilung	Der frühe Vogel fängt den Wurm. Ich muss nicht nur gut, sondern auch schnell arbeiten.	Eile mit Weile. Je mehr Zeit ich mir lasse, desto weniger Fehler mache ich.
Stärke	Ein Indianer kennt keinen Schmerz. Ich darf keine Gefühle oder Schwäche zeigen. Starke Menschen weinen nicht.	Ich zeige meine Gefühle, nicht immer und bei allen, aber bei den Menschen, denen ich vertraue.
Anstrengung, Leistung	Ich gebe immer alles – auch wenn ich eigentlich nicht mehr kann. Nur dann werde ich anerkannt.	Ich teile mir meine Kräfte sinnvoll ein. Ich darf auch mal mit halber Kraft fahren, um bei den wirklich wichtigen Aufgaben wieder Volldampf geben zu können.
Seriosität	Ich bewältige alle Aufgaben mit der gebührenden Ernsthaftigkeit.	Ich darf auch mal Fünfe gerade sein lassen.
Humor	Das Leben ist schließlich kein Zuckerschlecken.	Ein bisschen Spaß muss sein.

Ziele setzen und erreichen

- Legen Sie exakt fest, was Sie ändern wollen. Sagen Sie nicht »weniger Rauchen«, »mehr Sport machen« oder »öfter Obst essen«. Sondern: »Ich werde ab sofort vor jedem Mittagessen einen Salatteller essen«, »Ich werde mich heute Nachmittag für den nächsten stattfindenden Nichtraucherkurs der Volkshochschule anmelden«.

Was wollen Sie heute erreichen?

Machen Sie sich überhaupt Gedanken darüber oder nehmen Sie es, wie es kommt? Dann können Sie anschließend auch nicht entscheiden, ob Sie erfolgreich waren und Ihre Ziele erfüllt haben, wenn Sie gar keine hatten. Das können auch ganz kleine Ziele sein. Sagen Sie nicht, dass Ihre Arbeit nicht planbar ist und Sie eben das machen müssen, was anliegt. Setzen Sie sich ein erreichbares Ziel für den heutigen Tag.

Schwester Sabine

» Einmal zum Lächeln bringen

Schwester Sabine (30) von der geriatrischen Station hat viele alte, schwerkranke und stark pflegebedürftige Patienten auf ihrer Station. Der Arbeitsumfang ist groß. Die Oberschwester achtet darauf, dass die Betten ordentlich gemacht, das Essen rechtzeitig verteilt und die Medikamente ordnungsgemäß eingenommen werden. Dankbarkeit und Anerkennung ist weder von der Führung noch von den Patienten zu erwarten. Also beste Voraussetzungen für die Entstehung von Burnout. Heute hat sich Schwester Sabine vorgenommen, dass sie die alte Frau Reinhuber, die immer so traurig guckt, einmal zum Lächeln bringen möchte. Sie verwickelt sie bei der Essensausgabe in ein kurzes Gespräch, macht ihr ein kleines Kompliment und siehe da – Frau Reinhuber hat einmal gelächelt. Dieser winzige Sonnenschein erhellt den ganzen grauen Arbeitstag von Schwester Sabine.

TIPP

Zielformulierung

- **Vollständig:** Nur wenn Sie Ihr Ziel genau und umfassend kennen, wissen Sie selbst, was Sie eigentlich erreichen wollen. Schreiben Sie es am besten auf. Das sorgt für Klarheit.
- **Selbständig formuliert:** Es muss Ihr Ziel sein. Nehmen Sie sich nur etwas vor, was Sie selbst wollen, nicht das, was andere meinen, dass es für Sie das Richtige sei.
- **Selbständig erreichbar:** Sie müssen es selbst aus eigener Kraft erreichen können und nicht auf die Unterstützung anderer oder schicksalhafte Bedingungen angewiesen sein. Dann liegt es auch in Ihrer Möglichkeit (und Verantwortung!), es zu schaffen.
- **Herausfordernd:** Das Ziel sollte schon einen gewissen Anspruch haben. Wenn Sie es nahezu ohne Anstrengung erreichen können, dann ist auch nicht viel Wert.
- **Realistisch:** Die Ziele dürfen auch nicht zu hoch gesteckt werden. Ein Ziel, für welches Sie all Ihre Energien mobilisieren müssen, um auch nur die Chance haben, es zu erreichen, wird das Burnout sicher verstärken. Wenn Sie es dann trotz aller Bemühungen nicht schaffen, haben Sie Energie verschwendet und sind obendrein noch frustriert.
- **Termin:** Bis wann wollen Sie das Ziel erreichen? Bis wann können Sie es überhaupt erreichen? Morgen, in einer Woche, in einem Jahr oder am Sankt Nimmerleinstag? Setzen Sie sich selbst eine realistische Frist, innerhalb derer es mit einer vernünftigen Anstrengung machbar ist – und halten Sie diese Frist dann auch ein.
- **Belohnung:** Wenn Sie Ihr Ziel erreicht haben, dann dürfen Sie sich auch etwas gönnen. Sie haben es sich doch verdient. Die Belohnung sollte dabei dem Ziel angemessen sein. Bei einem kleineren Ziel darf es ein Essen in einem guten Restaurant oder ein neues Kleidungsstück sein. Bei einem richtig großen Ziel darf es auch einmal eine Urlaubsreise sein.
- **Überprüfbar:** Können Sie am Ende klar entscheiden, ob das Ziel erfüllt wurde oder nicht? Nur dann können Sie sich selbst auf die Schulter klopfen und sagen: »Ja, ich habe es geschafft!«

Lassen Sie am Abend den Tag Revue passieren. Welche Ziele hatten Sie? Haben Sie diese erfüllt? Sie haben vielleicht nicht alle erfüllt. Eventuell war das auch gar nicht möglich. Erfreuen Sie sich an dem, was Sie geschafft haben. Wenn Sie schon keiner lobt, dann loben Sie sich wenigstens selbst.

> **TIPP**
>
> **Vereinbaren Sie einen persönlichen Burnoutvertrag**
>
> Großes Pflichtbewusstsein ist bei Burnoutbetroffenen häufig zu finden. Wenn Sie schon so pflichtbewusst sind, dann nutzen Sie doch gerade diesen Umstand, der auch für einen Teil Ihres Burnouts mitverantwortlich ist, bewusst aus. Wenn Sie sich darüber im Klaren sind, was nicht in Ordnung ist und geändert werden soll, dann schließen Sie einen persönlichen Vertrag mit sich selbst ab, der Veränderungen zum Vertragsgegenstand hat. Vorher sollten Sie sich aber folgende Fragen stellen und beantworten:
> - Was will ich in meinem Leben ändern?
> - Was soll bei meiner Arbeit anders werden?
> - Was will ich in meinem Privatleben ändern?
> - Wo will ich mehr für meine Gesundheit tun?
> - Welchen Sport möchte ich wie oft betreiben?
> - Wie möchte ich meinen Genussmittelkonsum gestalten?
> - Welche meiner persönlichen Einstellungen möchte ich wie ändern?
>
> Wenn Sie diese Fragen beantwortet haben und wissen, was Sie wirklich wollen, dann setzen Sie einen richtigen Vertrag auf – und zwar schriftlich mit Datum, Absichtserklärung, Vereinbarung, Unterschrift und allem Drum und Dran.

Entrümpeln entlastet

Von Zeit zu Zeit sollte jeder einmal bei sich zu Hause entrümpeln. Welche Kleider habe ich seit einem Jahr nicht getragen? Werde ich diese jemals wieder tragen? Im Zweifel: Ab in die Altkleidersammlung. Welche Bücher, Zeitschriften liegen seit Wochen herum? Will ich da überhaupt noch hineinschauen? Im Zweifel: Ab ins Altpapier. Fühlen Sie sich nicht auch befreit, wenn Sie sich von etwas getrennt haben, was Ihnen nichts genutzt, Sie eventuell sogar belastet hat?

Man muss auch Altes loslassen, um Neues aufnehmen zu können.   (Chin. Weisheit)

Wie ist das mit Ihren Gewohnheiten – egal ob im Beruf oder im Haushalt? Gibt es da auch Rituale, die getan werden, weil sie immer getan wurden, aber gar keinen Sinn (mehr) haben. Und wie ist das mit Ihren Gedanken, Ihren Gefühlen und Erinnerungen? Taucht da immer wieder etwas in Ihnen auf, was Sie beschäftigt. Wenn Sie alten Gefühlen nachhängen, haben Sie keine Zeit, sich mit wesentlichen Dingen zu beschäftigen, die Sie weiterbringen. Üben Sie Gedankenstopptechniken ein (siehe Kasten). Wenn Sie Gedanken und Erinnerungen gar nicht loslassen, dann müssen diese möglicherweise sogar psychotherapeutisch bearbeitet werden. Wenn Sie es geschafft haben, Ihren »Zentralrechner« von »Rechenarbeit« zu befreien, die immer wieder die »Rechenkapazität« in Anspruch nimmt, dann können Sie endlich »Programme« laufen lassen, die zu produktiven Lösungen führen.

> # TIPP
>
> ## Gedankenstopp – beenden Sie schädliches Grübeln
>
> Grübeln Sie immer wieder über bestimmte Themen nach? Lässt Sie das – besonders nachts – nicht zur Ruhe kommen? Selbstverständlich sollen Probleme nicht verdrängt werden. Sie gehören bearbeitet und – wenn möglich – befriedigend gelöst. Nehmen Sie sich bewusst Zeit dafür. Aber legen Sie auch selbst fest, wann und wie Sie dies tun wollen. Planen Sie es ganz bewusst. Vielleicht kommen Ihnen beim Spazierengehen im Wald gute Ideen. Oder Sie profitieren von der Reflexion Ihrer Gedanken und Gefühle durch einen Freund, einen Coach oder einen Psychotherapeuten. Aber am Abend und in der Nacht haben Probleme nichts zu suchen. Wenn sie Sie nicht loslassen, dann sollten Sie Techniken erlernen, wie Sie dieses wenig produktive, aber energieraubende Gedankenkreisen beenden können. Am besten können Sie diese Technik durchführen, wenn Sie irgendwo bequem und ungestört sitzen oder auf einer Couch oder im Bett liegen.
>
> - Wenn Sie merken, dass Sie wieder von unangenehmen Gedanken geplagt werden, denken Sie diese zunächst weiter, aber versuchen Sie, sich zu entspannen.
> - Schließen Sie die Augen.
> - Atmen Sie ganz bewusst langsam ein und aus.
> - Versuchen Sie Ihre angespannten Muskeln, z. B. im Schulterbereich, beim Ausatmen bewusst zu entspannen.
> - Beißen Sie Ihre Zähne zusammen? Dann entspannen Sie bei jedem Ausatmen Ihre Kaumuskulatur ein wenig mehr.
> - Wenn Sie sich einigermaßen entspannt fühlen und nur noch Sie und der unangenehme, kreisende Gedanke existieren, dann rufen Sie laut »Stopp!«.
> - Der Effekt kann noch verstärkt werden, wenn Sie gleichzeitig die Fäuste fest zusammenballen.
> - Atmen Sie dann ruhig und gleichmäßig weiter.
> - Versuchen Sie an etwas Schönes zu denken, z. B. an einen Spaziergang über eine Wiese im Sonnenschein oder an das Liegen an einem Palmenstrand.
>
> Oft endet der Gedankenfluss dann. Achtung: Das wird nicht sofort klappen! Haben Sie Geduld mit sich. Je öfter Sie diese Technik praktizieren, desto öfter wird sie funktionieren – am Anfang nur manchmal, dann sehr zuverlässig. Mit einiger Übung reicht es auch aus, das »Stopp!« nur laut zu denken.

Outing – ein Schritt auf dem Weg zur Besserung

Wenn Menschen für sich erkannt haben, dass sie mehr als eine reaktive und durch die Belastungen erklärbare Erschöpfung haben, sondern unter einem Burnout leiden, welches nicht durch ein verlängertes Wochenende oder einen erholsamen Urlaub beseitigt werden kann, dann ist das schon ein erster wichtiger Schritt – manchmal dauert es sehr lange, bis man sich eingesteht, dass etwas nicht stimmt und es so nicht mehr weitergehen kann. Wenn Sie also die Maske wenigstens vor sich selbst haben fallen lassen können, dann wird meist nach außen hin die schöne Fassade um jeden Preis aufrechterhalten. Auch das kann aber viel Energie kosten. Daher gilt: Outen Sie sich! In der Suchttherapie wissen wir, dass einer der ersten Schritte auf dem Wege der Heilung die Selbsterkenntnis der Krankheit ist. Dann folgt das Outen. Nicht umsonst beginnt die Vorstellung bei den Anonymen Alkoholikern mit der Begrüßungsformel: »Ich heiße Alfred. Ich bin Alkoholiker.« Wenn Sie die Erkenntnis gewonnen haben, dass Sie Burnout haben, wenn Sie sich dies auch selbst gegenüber haben eingestehen können, sollten Sie es auch den Menschen, die für Sie wichtig sind und die Ihnen helfen könnten, mitteilen. Ihre nächsten Angehörigen haben es vermutlich schon gewusst, bevor Sie es für sich selbst haben annehmen können. Sie sind oftmals dankbar für Ihre Offenheit. Solange Sie das Burnout vor sich selbst und den anderen geheim gehalten haben, hat Ihnen auch niemand helfen können. Jetzt können andere Ihnen Hilfe anbieten, ohne gleich auf barsche Ablehnung zu stoßen. Ihre Kollegen haben wohl auch schon geahnt, dass Sie in das Burnout abrutschen. Die Signale in der letzten Zeit deuteten ja darauf hin. Nun kann man gemeinsam überlegen, wie und wo man Sie entlasten kann. Ihr Vorgesetzter ist daran interessiert, dass er einen Mitarbeiter hat, auf den er sich langfristig voll verlassen kann, als dass er nur mit halber Kraft oder irgendwann auch gar nicht mehr fährt. Der Betriebsarzt kann möglicherweise helfen, manche Unternehmen haben mittlerweile Burnoutbeauftragte und entsprechende Burnoutprogramme (wobei diese meist Präventionsprogramme darstellen, die in Phase 1 gut, in Phase 2 nur bedingt und in Phase 3 praktisch kaum noch mehr greifen können).

An der Arbeit sollten Sie natürlich schon etwas aufpassen, ob und wie Sie sich outen. Ein »lieber Kollege« hat vielleicht nur darauf gewartet, dass Sie straucheln, um Ihren Job zu übernehmen. Ein »harter Knochen« als Vorgesetzter hat möglicherweise wenig Verständnis für Krankheit und will hier und jetzt einen funktionierenden Mitarbeiter. Setzen Sie durchaus Vertrauen in andere Menschen – aber überlegen Sie gut, wem Sie vertrauen wollen. Warten Sie aber auch nicht zu lange damit, denn je später Sie sich Ihren Familienangehörigen, Ihren Kollegen oder Ihrem Arzt anvertrauen, desto später kann Ihnen auch Hilfe zuteil werden und desto schwieriger wird dann die Therapie.

SPECIAL

Die wichtigsten Tipps im Schnelldurchlauf

Körperliche Ursachen behandeln
- Lassen Sie organische Ursachen für die Erschöpfung abklären. Schilddrüsenunterfunktion, Schlafapnoesyndrom und Blutarmut sind dabei nur drei von vielen möglichen Diagnosen, die ein Burnout vortäuschen können.
- Sorgen Sie für eine gute Vitamin- und Mineralversorgung. Am besten über die Ernährung. Gegebenenfalls über ein Multivitamin-Mineral-Präparat. Bei Verdacht auf einen stärkeren Mangel einzelner Substanzen aber auch durch gezielte Hoch-Dosis-Therapie unter Laborkontrollen.

Ernährung und Genussmittel
- Ernähren Sie sich vollwertig. Viel Obst und Gemüse. Viel Vollkorngetreideprodukte. Wenig Weißmehlprodukte. Keine Schoko- oder »Energieriegel« (außer gelegentlich als Genussmittel, aber nicht für den »Hunger zwischendurch«).
- Meiden Sie für mindestens 1 Woche (besser 4) sämtliche koffeinhaltigen Getränke und Lebensmittel. Genießen (!) Sie Koffeingetränke danach höchstens dreimal pro Woche.
- Gehen Sie vernünftig mit Alkohol um. Trinken Sie nicht mehr als einen Drink pro Tag – und das auch nicht jeden Tag. Genießen Sie Alkohol ganz gezielt und bewusst, missbrauchen Sie ihn nicht als Beruhigungsmittel oder Antidepressivum.
- Falls Sie rauchen: Beenden Sie es dringend! Suchen Sie Hilfe dabei, wenn Sie es allein nicht schaffen.

Bewegen, entspannen und regenerieren
- Halten Sie Ihren Körper fit. Er stellt die materielle Grundlage für unsere körperliche und geistige Leistungsfähigkeit dar.
- Bewegen Sie sich. Schonen Sie sich nicht, weil Sie erschöpft sind – dann werden Sie noch schwächer. Finden Sie die Belastungen heraus, die gerade noch gehen und von denen Sie sich noch gut regenerieren können.

- Achten Sie auf die Balance zwischen Anspannung und Entspannung.
- Das Leben besteht nicht nur aus Arbeit. Lassen Sie Ihr Privatleben einen angenehmen Ausgleich für Ihren Berufsstress bilden.
- Sorgen Sie für ausreichende Ruhe und genügend Schlaf.
- Bleiben (oder werden) Sie gelassen.
- Spielen Sie. Vergnügen Sie sich. Haben Sie Spaß. Lachen Sie mal wieder – trotz oder sogar wegen Ihrer Probleme. Nehmen Sie es mit Humor (»Don't worry, be happy!«). Das heißt nicht, dass Sie alles durch die rosarote Brille sehen sollen. Eine lustige Bemerkung zur rechten Zeit hilft aber über so manchen Tiefpunkt hinweg. Gerade für Patienten mit Burnout (»ich habe doch nichts zu lachen«), ist es wichtig, den Humor zu behalten.

Psychosoziale Faktoren
- Seien Sie im »Hier und Jetzt«. Hängen Sie nicht vergangenen guten oder schlechten Gefühlen an anderen Orten nach. Träumen Sie weder von einer bedrohlichen Zukunft noch von besseren Zuständen, die irgendwann schicksalhaft eintreten, wenn sich etwas von selbst ändert.
- Überdenken Sie Ihre eigenen Ansprüche und die Möglichkeiten, die Ihnen zur Verwirklichung derselben zur Verfügung stehen.
- Finden Sie heraus, was Ihnen wirklich wichtig ist.
- Seien Sie authentisch. Verbiegen Sie sich nicht (mehr als Sie mit sich selbst vereinbaren können).
- Denken, arbeiten und leben Sie positiv!
- Sorgen Sie sich mehr um sich selbst. Entwickeln Sie einen »gesunden Egoismus«. Sie müssen nicht immer für die anderen da sein.
- Nehmen Sie Ihre eigenen Bedürfnisse besser wahr. Worauf haben Sie Lust? Was möchten Sie wirklich tun? Klar, wir können nicht immer und sofort unseren Wünschen nachgeben. Aber es dann gar nicht zu tun, kann auch keine Lösung sein.
- Respektieren Sie Ihre eigenen Wünsche. Bei den Wünschen der anderen tun Sie es doch auch.
- Und befriedigen Sie auch Ihre Wünsche. Seien Sie lieb zu sich selbst. Verwöhnen Sie sich. Das kann ein schöner Kinofilm sein, in den Sie schon lange gehen wollten. Oder auch einmal ein Nachmittag, den Sie sich einfach »frei nehmen«, um mal bummeln zu gehen. Oder ein Wochenendurlaub, den Sie sich schon so oft gewünscht haben.

Die wichtigsten Tipps im Schnelldurchlauf

- Seien Sie nicht zu kritisch mit sich selbst. Viele Menschen mit Burnout sehen sich kritischer und haben höhere Erwartungen an sich selbst als an andere. Versuchen Sie, alles so gut zu machen, wie Sie nur können. Aber nicht immer muss man alles 150 %ig machen.
- Seien Sie nicht so perfekt – sowohl andere als auch Sie selbst dürfen Fehler machen. Viele Menschen mit einem Burnout setzen sich mit einem Streben nach Perfektionismus einem unnötigen, vor allem aber energiezehrenden Druck aus.
- Gewinnen Sie Kraft aus Ihren Stärken, lassen Sie sich nicht von Ihren Schwächen unterkriegen. Ich kann auf meine Stärken schauen und daraus Kraft gewinnen. Ich kann aber auch nur auf meine Schwächen schauen und immer weniger Selbstbewusstsein entwickeln. Natürlich sollten Schwächen erkannt und – wenn nötig und möglich – ausgemerzt werden. Gerade Menschen mit Burnout sollten sich aber auf ihre immer noch vorhandenen Fähigkeiten besinnen.
- Werden Sie sich klar darüber, mit welcher Motivation Sie genau diese Ziele verfolgen. Müssen Sie dieses Ziel tatsächlich erfüllen? Müssen Sie es jetzt erfüllen? Müssen Sie es alleine erfüllen? Suchen Sie sich lohnenswerte Ziele aus, die Sie wirklich weiterbringen und nicht noch weiter bis zum Burnout treiben.
- Tun Sie einmal Dinge, die keinen Zweck verfolgen, Ihnen aber guttun. Schalten Sie einmal ab. Menschen mit Burnout sind meistens »on«. Jedes Elektrogerät muss auch einmal abgeschaltet werden, jeder Motor wird einmal abgestellt, um sich zu erholen.

Sorgen Sie für Ihre Gesundheit! Tun Sie es einfach! Und zwar jetzt!

Es genügt nicht zu wissen, man muss es auch wollen.
Es genügt nicht zu wollen, man muss es auch tun.
(Goethe, Dichter, 1749-1832)

Service

Adressen für eine stationäre Therapie (Auswahl)

Habichtswald-Klinik
Klinik für Ganzheitsmedizin und Naturheilkunde
Wigandstr. 1
34131 Kassel
Tel. 0561/31080
www.habichtswaldklinik.de

Auf den Internetseiten der Habichtswald-Klinik finden Sie umfangreiche Informationen zum Burnout und verwandten Themen. (Dazu können Sie unter www.habichtswaldklinik.de auf den Menüpunkt »Informationen zu Krankheiten« klicken und dann das gewünschte Thema auswählen oder über www.erschoepfungszustand.de/burnout-syndrom/direkt zum Thema Burnout gelangen.)

Wenn psychosomatische Aspekte im Vordergrund stehen, ist die Psychosomatische Abteilung geeignet. Wenn der Verdacht auf somatische Ursachen besteht, ist die Innere Abteilung geeignet.

Panorama-Klinik
Fachklinik für Psychosomatische Medizin, Naturheilverfahren und TCM
Kurstr. 22
88175 Scheidegg im Allgäu
Tel. 08381/8020
www.panorama-fachklinik.de

AHG Klinik Berus
Europäisches Zentrum für Psychosomatik und Verhaltensmedizin
Orannastr. 55
66802 Überherrn-Berus
Tel. 06836/390
www.ahg.de/AHG/Standorte/Berus/

Oberbergklinik
Psychotherapie, Psychiatrie, Psychosomatik
Oberberg 1
78132 Hornberg
Tel. 07833/7920
www.oberbergkliniken.de

Sachverzeichnis

Acidum phosphoricum 86
Adrenalin 20
Aggression 72, 73
– Umgang 74
Aggressivität, erhöhte 24
Aktivierungsphase 20, 24, 80
– Begleitreaktionen 22, 23
Alkohol 54, 95
– Abhängigkeit 95
Anämie 34
Anerkennung, fehlende 62
Angehöriger
– demenzkranker 67
– Pflegefall 113
Anspannung 101
– dauerhafte 22
Antidepressiva 48, 58
Arbeit 121
– Burnoutschutzmaßnahmen 122
– delegieren 124
Arbeiten, selbstbestimmt 124
Arbeitsbelastung 62
Arbeitsloser 65
Ärger 22
Aromatherapie 88
Aromaöl, Wirkungen 88
Arsenicum album 86
Asthma 39
Atemübung 107
Ausdauersport 100

Beeinträchtigung
– körperliche 32
– psychische 32
Beförderung 120
Behandlung, stationäre 82
Berufsbeispiele 64
Beziehungen 110
– berufliche 114
Beziehungsabbruch 113
Bier 95
Blähungen 24
Blutarmut 34, 35, 37, 41
Blutbildung 35

Blutdruck, erhöhter 25
Blutdruckerhöhung 24
Blutfarbstoff 34
Blutkörperchen, rote 34
Blutmangel 35
Blutverlust 35
Blutzuckeranstieg 90
Blutzuckererhöhung 24
Burnout
– als Protest 14
– Ausmaß 33
– Definition 12, 14
– Depression 19
– Fragebogen 13
– Frauen 67
– Laboruntersuchungen 51
– Lehrer 69
– Outing 133
– Persönlichkeitsaspekte 129
– Persönlichkeitsmerkmale 63
– Selbsttest 29
– Sucht 58
– Symptome 16
– Ungleichgewicht 15
– Verlauf 20
– vorbeugen 82
Burnoutberater 82
Burnoutfaktoren 32, 130
Burnoutphase 1 20, 80
Burnoutphase 2 24, 81
Burnoutphase 3 26, 82
Burnoutphasen 20
Burnoutschutz 130
Burnoutschutzmaßnahmen 122
Burnoutsymptome 29
Burnoutvertrag 133

Callcenter 65
Chemotherapie 43
China 87
Cholesterinsenker 49
Cholesterinspiegel, erhöhter 25
Chronic fatigue syndrom 42
Coenzym Q10 49
Cola 52
Colitis ulcerosa 40

Darmbeschwerden 26
Darmentzündung 39
Demenzkranker, Pflege 68

Depersonalisation 122
Depression 19, 26, 32, 48, 56, 71
Distanzierung 122
Drei-Phasen-Modell 20
Drogen 57
Durchfall 24

Ecstacy 57
Ehepartner, Konflikt 112
Eisenmangel 35, 38, 40
Eisenpräparat 36
Eisenspeicher 35
Eisentropfen 38
Eleuterokokkus 87
Energieeinsparpotenzial 71
Energiereserve 52
Entlohnung 117
Entspannung 101
Entspannungsverfahren 106, 107
Enttäuschung 70
Entzündung, chronische 39
Entzündungsanämie 40
Erektionsstörung 25
Erfolgskontrolle 33, 85
Erschöpfung 19, 25, 26, 38, 53, 75
Erschöpfungsphase 26, 28, 82
Erythrozyten 34, 35

Faktoren, psychosoziale 62
Ferritin 36
Ferritinwert 38
Fettstoffwechselstörung 49
Fluglotse 65
Folsäuremangel 36
Fragebogen, Selbsttest 29
Fragen, hilfreiche 128
Frauen 67
Freizeit 103
Freizeitgestaltung 102
Führungsaufgabe 121

Gedankenkreisen 134
Gedankenstopp 134
Gehalt 118
Geldsorgen 115
Genussmittel 92, 95
Geschwätzigkeit 23

Sachverzeichnis

Getränk, koffeinhaltiges 52, 53, 92
Gewohnheiten überprüfen 132
Ginseng 88
Gleichgewicht
– gestörtes 15
– gesundes 15
Grübeln beenden 134
Grüntee 52

Hämoglobin 34
Hämoglobinwert 35, 37
Harndrang 23
Haushalt, Arbeitsteilung 125
Haustier 104
Heilpflanzen 87
Heißhunger 91
Helferberufe 64
Herzbeschwerden 26
Herzklopfen 23
Herzrasen 22
Herzrhythmusstörungen 18
Hilfe annehmen 126
Hippeligkeit 22, 23
Holotranscobalamin 37
Homöopathie 86
Humor 105
Hund 104
Hyperthyreose 39
Hypothyreose 39

Immunsystem 40, 42
Impotenz 24
Infektion 42
Inkompetenz 119
Insulinanstieg 90

Jodmangel 39

Kaffee 52, 53, 92
– Kopfschmerzen 92
Kaliummangel 47
Kalium phosphoricum 87
Karriereleiter 119
Katze 104
Koffein 52, 53, 92
– Entzugssymptome 53
– Gewöhnung 53
Koffeinentzug 93
Koffeinentzugsversuch 92

Kohlenmonoxid 55
Kokain 57
Kollegen, Konkurrenzverhalten 114
Konflikt, familiärer 112
Kontrollzwang 124
Konzentrationsstörung 53
Kooperation 126
Kopfschmerzen 53, 92
Kortisol 20
Kosten-Nutzen-Rechnung 117
Krebs 43

Laborparameter, Normbereiche 105
Lachen 105
Laktoseintoleranz 41
Lehrer 69
Lehrertyp 70

Machtkampf 73
Magnesiummangel 47
MCV 35
Mediator 113
Medikamente, Nebenwirkung Müdigkeit 56
Melatoninmangel 46
Menstruationsblutung 35, 37
Migräne 75
Mineralstoffmangel 48
Mittagspause 101
Mobbing 63
Morbus Crohn 40
Müdigkeit 53, 56, 58
Müdigkeitssyndrom, chronisches 42
Muskelkrampf 46
Mutlosigkeit 75

Nadi Sodhana 107
Nägelkauen 23
Nährstoffmangel 46
Nervensystem, vegetatives 22
Nervosität 23
Nikotin 55
Noradrenalin 20

Orgasmusfähigkeit, schwindende 24
Outing 133

Paartherapeut 113
Partner, verständnisvoller 111
Perfektionismus 71, 126
Persönlichkeitsaspekte 129
Persönlichkeitsmerkmale 63
Peter-Prinzip 119
Pflege 67
Pflegearbeit 114
Phosphorus 87
Pranayama 107
Progressive Muskelrelaxation 108
Psychologe 82
Psychopharmaka 57
Psychostimulanzien 57
Psychotherapie 115

Q10-Mangel 50

Rauchen
– Aufhören 97
– Dysfunktion, erektile 96
– Hautalterung, vorzeitige 96
Raucher 55, 96
Regeneration 22, 23, 102
Reizdarmsyndrom 41
Resignation 19, 26, 75, 76
– überwinden 77
Rheuma 39
Ritalin 57
Rituale überprüfen 133
Rotwein 95
Ruhephase 24

Sauerstoff 34
Scheidung 113
Schilddrüse 38
Schilddrüsensteuerhormon 40
Schilddrüsenüberfunktion 45
– Symptome 39
Schilddrüsenunterfunktion 83
– Symptome 39
Schlafapnoesyndrom 45
Schlafhormon 46
Schlafstörung 24, 44, 46, 48
Schokolade 90
Schulden 115
Schutzwall, persönlicher 122
Schwarztee 52, 92
Schweißausbruch 48

141

Sachverzeichnis

Schwindel 24
Schwitzen 23
Selbstzweifel 32
Serotonin 48
Serumferritin 36
Sexualfunktion, gestörte 24
Speed 57
Statin 49
Stewardess 64
Stress 19, 22
Stresshormon 20, 22, 24, 26
Stresspegel herunterfahren 106
Stundenreduzierung 102
Sucht 58
Suchtmittel 95
Suizidalität 26
Süßigkeit 90
Symptome 16

Taigawurzel, sibirische 87
Test 29
Thea 87
Therapieabbruch 116

Thyreotropin 40
Thyroxin 40, 83
Tipps zum Reiten toter Pferde 123
Transfettsäure 90
Triptan 93
TSH-Wert 40, 83

Überforderung, chronische 82
Überstunden 101
Ubichinon Q10 49
Umschuldungsstrategie 115
Ungleichgewicht 14, 15
Unruhe, körperliche 23
Unterzuckerung 91
Urlaub 102
Urmensch 22

Verdauungsstörung 41
Verstopfung 24, 46
Vertrauen, mangelndes 124
Verzweiflung 14, 19, 26
Vitamin-B$_6$-Mangel 48

Vitamin B$_{12}$ 35
Vitamin-B$_{12}$-Mangel 36
Vollblutanalyse 48
Vollwertkost 91

Warnsignal 14
Warnzeichen 25, 82
Wechselatmung 107
Widerstandsphase 24, 25, 26, 80
Wochenende 102

Yoga 107

Zähneknirschen 23
Zeitmanagement 127
Ziele formulieren 129
Zigarettenrauch 55, 56
Zinkmangel 48
Zittern 22, 23
Zusammenbruch 28

IMPRESSUM

Bibliografische Information der Deutschen Nationalbibliothek
Die Deutsche Nationalbibliothek verzeichnet diese Publikation in der Deutschen Nationalbibliografie; detaillierte bibliografische Daten sind im Internet über http://dnb.d-nb.de abrufbar.

Programmplanung: Sibylle Duelli
Redaktion: Anne Bleick
Bildredaktion: Christoph Frick

Umschlaggestaltung und Layout: CYCLUS Visuelle Kommunikation, 70186 Stuttgart

Bildnachweis:
Umschlagfoto vorn, hinten: Fotoliar/Vadim Volodin; CYCLUS Visuelle Kommunikation
Fotos im Innenteil: S. 4, 5, 10, 78, 86, 99, 103, 131: Senior images/Knut Schulz
Die abgebildeten Personen haben in keiner Weise etwas mit der Krankheit zu tun.

Zeichnungen: Christine Lackner, Ittlingen

© 2010 TRIAS Verlag in MVS Medizinverlage Stuttgart GmbH & Co. KG
Oswald-Hesse-Straße 50, 70469 Stuttgart

Printed in Germany

Satz: Fotosatz Buck, 84036 Kumhausen
gesetzt in: InDesign CS4
Druck: AZ Druck und Datentechnik GmbH, 87437 Kempten

Gedruckt auf chlorfrei gebleichtem Papier

ISBN 978-3-8304-3549-5   1 2 3 4 5 6

Wichtiger Hinweis: Wie jede Wissenschaft ist die Medizin ständigen Entwicklungen unterworfen. Forschung und klinische Erfahrung erweitern unsere Erkenntnisse, insbesondere was Behandlung und medikamentöse Therapie anbelangt. Soweit in diesem Werk eine Dosierung oder eine Applikation erwähnt wird, darf der Leser zwar darauf vertrauen, dass Autoren, Herausgeber und Verlag große Sorgfalt darauf verwandt haben, dass diese Angabe dem **Wissensstand bei Fertigstellung des Werkes** entspricht.

Die Ratschläge und Empfehlungen dieses Buches wurden vom Autor und Verlag nach bestem Wissen und Gewissen erarbeitet und sorgfältig geprüft. Dennoch kann eine Garantie nicht übernommen werden. Eine Haftung des Autors, des Verlages oder seiner Beauftragten für Personen-, Sach- oder Vermögensschäden ist ausgeschlossen.

Geschützte Warennamen (Warenzeichen) werden **nicht** besonders kenntlich gemacht. Aus dem Fehlen eines solchen Hinweises kann also nicht geschlossen werden, dass es sich um einen freien Warennamen handelt.

Das Werk, einschließlich aller seiner Teile, ist urheberrechtlich geschützt. Jede Verwertung außerhalb der engen Grenzen des Urheberrechtsgesetzes ist ohne Zustimmung des Verlages unzulässig und strafbar. Das gilt insbesondere für Vervielfältigungen, Übersetzungen, Mikroverfilmungen und die Einspeicherung und Verarbeitung in elektronischen Systemen.

SERVICE

Liebe Leserin, lieber Leser,

hat Ihnen dieses Buch weitergeholfen? Für Anregungen, Kritik, aber auch für Lob sind wir offen. So können wir in Zukunft noch besser auf Ihre Wünsche eingehen. Schreiben Sie uns, denn Ihre Meinung zählt!

Ihr TRIAS Verlag
E-Mail Leserservice: heike.schmid@medizinverlage.de
Lektorat TRIAS Verlag, Postfach 30 05 04, 70445 Stuttgart, Fax: 0711 - 8931 - 748